明治図書

鈴木邦明 [著]

鬼ごっこ大全

はじめに

「子どもの体力低下」「子どもの視力低下」「子どもの自殺者数の増加」

　これらのものは，新型コロナウイルスの流行と関連して文部科学省などの統計で示されたものです。上の３つのように数値に表れているものだけでなく，数値に表れていない変化もたくさんあると思われます。新型コロナウイルスの流行は，子どもの体や心に大きな影響を与えているということが言えるでしょう。

　そういった中で私が特に気になっていたものが「人との関わり」です。コロナが問題になった当初，感染予防の観点から「３密（密接，密集，密閉）を避ける」ことが推奨されていました。感染予防においては大切なことなのですが，それにより子ども同士が関わる機会が大幅に減ってしまいました。その影響がすぐに出るものもあれば，今の子どもが大人になった時などに出るものもあるのではないかと思います。子ども時代に新型コロナウイルスを経験した今の子どもたちに学校現場の人たちができることは何なのかということを考えています。GIGA スクール構想によりタブレットが子どもの身近にあります。個別最適な学びが進むよさがある一方，健康面，精神面などでの心配もあります。そういった部分への配慮は今後の学校においては重要なことだと感じます。

　今回の書籍は『授業力＆学級経営力　2022年５月号』「最強の学級あそび鬼ごっこ大全」がもとになっています。その特集が好評だったこともあり，今回の企画が立ち上がりました。特集で扱った25個の鬼ごっこに加え，新たに45個執筆しました。鬼ごっこは，先行研究によると「体力向上」が期待できるとされています。さらに「社会面」「精神面」での育成を望むことができるとされています。鬼ごっこは，体を動かし，楽しみながら，人との関わりを促すことが可能なものが多いです。特に本書では，身体面だけでなく，

社会面，精神面を意識した鬼ごっこを紹介しています。人とつながることを体感し，それを楽しむことができることに継続的に取り組んでいくことで情緒的に安定してきます。

　先ほども書いたように，新型コロナウイルスは様々な形で子どもに影響を与えました。子どもたちは色々な意味で厳しい4年間を過ごしてきました。豊かな育ちのために，今後は可能な限り人との関わりを大切にする活動を増やすことができればと思います。本書が，学校現場の先生方，教師を目指す学生たち，学童などに関わる方々のヒントとなればと思います。

　日々，多様な子どもたちと接している現場の先生方は，非常に柔軟な考えができる方々だと思います。本書にある実践からヒントを得て，それぞれの学校，地域，学級に合った形にアレンジしていってほしいです。そうすることで，さらに学びが広がり，深まることにつながります。そして，子どもの笑顔が増えることを心から願っています。

　2024年3月

鈴木　邦明

CONTENTS

第2章
精神性を高める鬼ごっこ

第3章

社会性を高める鬼ごっこ

仲間と協力する

仲間と対決する

おわりに

参考文献一覧

COLUMN

序章

なぜ,鬼ごっこが
万能の学級あそび
なのか

なぜ，鬼ごっこが
万能の学級あそびなのか

　鬼ごっこは「体（身体性）」「心（精神性）」「仲間（社会性）」の３つの健康に寄与するあそびだとされています。「体（身体性）」「心（精神性）」「仲間（社会性）」は，WHO の健康の定義となっています。現代社会において，単に身体的に問題が無いことが健康なのではなく，精神的にも，社会的にも問題無く暮らすことができていることが健康だと定義されています。

　鬼ごっこは，あそびの種類の多様さから「体（身体性）」「心（精神性）」「仲間（社会性）」の成長を促すことができるとされています。これまでの実践や研究においては，「体（身体性）」に着目をしたものが多かったです。今回はそういった部分に加え，「心（精神性）」「仲間（社会性）」にも目を向けていきたいと思います。

　なお，学習指導要領では「鬼遊び」という言葉が使われています。これは，幼児が取り組む「ごっこあそび」と混同しないようにそのような呼び方となっています。ただ一般的には「鬼ごっこ」と呼ばれていることが多いので，今回は「鬼ごっこ」という言葉を使っていきたいと思います。

1. 体(身体性)を育てる

①多様な動きを楽しむ

　日本サッカー協会は指導者養成講習会で鬼ごっこを推奨しています。アップとして体を温めることと共に子どもの様々な力を伸ばすことにつながるとされています。特にゴールデンエイジの子どもの発育によいとされています。楽しさの中にコーディネーションへの働きかけができ，状況を見ながら判断して動くという要素もあります。サッカーで必要とされる様々な動きが鬼ごっこにはたくさん含まれているとされています。

②様々なねらいに対応できる

　鬼ごっこは様々なやり方のある運動あそびです。教師がどういったことをねらいとするのかによって取り組み方を変えることが可能です。

　例えば，持久力を高めたい時は「オセロ鬼」のように終わりのない鬼ごっこに取り組むことで楽しみながらそのねらいを達成することができます。また，敏捷性を高めたい時には，障害物のある空間で鬼ごっこに取り組みます。校庭の場合は遊具がある空間，体育館の場合はフロアに跳び箱などをいくつか置くことで，動きに変化が生じます。

③身体活動量が豊富

　鬼ごっこは身体活動量（運動量）が豊富な運動あそびです。研究では，運動が得意な子どもだけでなく，運動が苦手な子どもの身体活動量も多くなるとされています。現在の子どもは，生活が便利になったことなども影響し，日常生活の中で体を動かすことが減ってきています。そういった状況において，多くの子どもがたくさん体を動かすことのできる鬼ごっこは今の時代に求められているものということができます。例えば，「しっぽふみ鬼」は通常よりも長い（1.5～2メートル）しっぽを付けて取り組む鬼ごっこです。逃げる時，動くことでしっぽが空中に浮き，捕まりにくくなります。自然と身体活動量が多くなります。「オセロ鬼」も終わりなく取り組むことができるので身体活動量が多くなります。

2. 心(精神性)を育てる

①多くの子どもが楽しめる

　鬼ごっこは，平安時代あたりから取り組まれているとされています。鬼ごっこははじめ「神事」として行われていました。五穀豊穣を願い，悪いもの（鬼）を追い払うというものでした。そういった神事と子どものあそびが融合され，現在の鬼ごっこのようなものが起こってきたとされています。鬼ご

っこも含まれる伝承あそびは，長い間子どもたちに取り組まれてきているものです。長い間取り組まれ続けているということは，魅力があるということになります。つまらないものであれば，長い年月に渡り，子どもたちに受け継がれてこないことが予想されます。

鬼ごっこの特徴の１つが「ルールの柔軟性」です。人数，場所，道具などの条件をその時の状況に合わせて変えながら取り組むことが可能です。昔から街中で異年齢の集団などで行われてきた際には低年齢の子どもには「特別ルール」を設け，みんなが楽しめるようなやり方もしてきました。

体育などで取り組む際には，その場の状況に合わせ，子どもが楽しむことができるようなルールを設定することができます。そうすることで，楽しむことのできる子どもが増えることにつながります。

②運動が苦手な子どもが楽しめる

子どもが好きな運動に「ドッジボール」があります。ただ，やり方を工夫しないと，一部の子どもだけが楽しむことになってしまいます。一部の子どもとは，運動が得意で，ボールを投げるのが得意な子どもです。そういった子どもはクラスでの影響力が大きいことも多いです。休み時間のレクリエーションなどは，そういった子どもの声かけで「ドッジボール」に取り組むこともよくあります。

「ドッジボール」と「鬼ごっこ」の子どもの運動量，感じる楽しさなどについて調べた研究があります。その研究では，「ドッジボール」は運動が得意な子どもは運動量が多く，楽しさを感じていますが，一方，運動が苦手な子どもは運動量が少なく，楽しさを感じていないことが多かったです。「鬼ごっこ」の場合，運動が得意，苦手に関係なく，どちらの場合も，運動量が多い場合が多く，運動が苦手な子どもでも運動の楽しさを感じていることが多かったです。

ただ単に足の速さだけが活きる鬼ごっこだけに取り組んだ場合，ドッジボールの時と同じように一部の子ども（足の速い子ども）だけが，楽しむこと

とになってしまいます。様々な工夫をし，足の速くない子どもも楽しむことができる活動とすることが大切です。子どもの実態に応じたルールがあることで，あそび方を工夫できる余地が生まれます。その結果，足の速くない子どもでも楽しむことができる可能性が高くなります。

　子ども時代の運動との関わり方がその後の人生における運動や健康に影響を与えるという研究があります。子どもの頃に運動を楽しいと感じた子どもは，大人になってからも運動によく取り組み，運動が好きだと答えている人が多くなっていました。逆に子ども時代に運動が嫌だと感じた子どもは，大人になってから運動に取り組むことは少なく，運動が嫌いであることが多かったです。

　大人になってからの運動習慣は，その人の生活習慣病のリスクと関連があり，寿命などとも関連しています。子ども時代の運動との関わり方がその子どもの生涯にわたる健康とも大きく関連があるということです。また，社会全体で見ると，医療費などの社会保障費の問題として，すべての人に関わってきます。

　子ども時代に運動を楽しむことができるかどうかは，その子どもの人生だけでなく，社会全体にも影響を与えるほど，重要なことであるといっても過言ではありません。幼児や児童に関わる立場の人は，そういったことを強く意識することが大切でしょう。

3. 仲間意識(社会性)を育てる

①協力する楽しさを味わえる

　鬼ごっこは，種類によって仲間と協力して取り組むものがあります。「手つなぎ鬼」は，手をつないだり，ひもでつながったりした2人（またはそれ以上の人数）で，次の行動を決めながら動く必要があります。つないだ手を強く握ったり，声を掛け合ったりすることで意思を伝えていきます。

　また，氷鬼系のあそびでは，捕まった子ども（氷になって固まっている）

を捕まっていない他の人が助けます。助けたり，助けられたりというやり取りの中で独特な仲間関係が構築されていきます。

　さらに，チームとしての作戦を立てながら，あそびに取り組むものもあります。自分と他の人の関係を把握し，どのように動いていくことが望ましいのかを考えながら動いていきます。

　友達と協力しながらあそびに取り組むことは，自分の思いを相手に伝えていくこと，相手の思いを理解することのよいトレーニングとなります。うまくいかないことも含めて，仲間との関わり方を学ぶよい機会だということがわかります。

　また，友達同士で対決をすることも子どもにとっては意味のあることです。鬼と逃げる人が一対一で対峙するあそびでは，子どもは必死になって取り組みます。競う相手がいることで自分の全力を出すことになり，力を伸ばすことにつながっていきます。一緒に取り組んだことによる友情も育まれます。

②幼保と小の段差を小さくする

　小学校入学時は，子どもにとって大きな変化の時です。幼保との違いに戸惑い登校しぶりを起こす子どももいます。また，戸惑いが違う形で表れ，クラスが荒れることがあります。それらは，「小1プロブレム」と呼ばれています。

　鬼ごっこをはじめとした運動あそびは，幼保と小の段差を滑らかにする可能性をもっています。幼保小連携に関する研究によると，入学時に子どもは「通学」「友達」などに不安を抱えているとされています。「運動」は小学校入学前も入学後も子どもが不安を感じていない項目です。子どもが不安を感じていない鬼ごっこなどの運動あそびを上手に利用していくことが，段差を滑らかにする1つの方法です。特に仲間と触れ合いが多くなる鬼ごっこを実施することで，仲間との垣根を低くしていくことができるでしょう。

第 1 章

身体性を高める
鬼ごっこ

おすすめ学年： 高

 01

形が変わる影を追いかけよう！

影ふみ

ねらい

　友達を追いかけることを楽しみながら様々な動きに取り組むことを通して，体の巧みさを向上させる。

1. ルールを理解する

> 今から，「影ふみ」をします。鬼は，逃げている人の影を踏んだらその人と鬼を交代します。鬼は帽子を赤にします。逃げている人は帽子を白にします。逃げていると影が踏まれたことに気づきにくいので，鬼の人は影を踏んだら「踏んだ！」と伝えるようにしてください。動いていい範囲は4つのコーンの内側です。まずは，鬼は3人で始めます。何か質問はありますか？

2. 影ふみに取り組む

> では，実際にやってみましょう。鬼の人は真ん中に集まってください。それ以外の人は逃げてください。準備はいいですか？
> よーい，スタート！

> よーし，逃げるぞ！

走っていると自分の影が見えない時があるから難しいなあ。

3. ふりかえりをする

 影ふみに取り組んでどうでしたか？

 この前，理科で「影はできる方向が決まっている」ということを習ったから，それを考えて捕まりにくいように逃げてみました。

 時間帯によっては影がもっと長くなったり，短くなったりするから別の時にもやってみたいと思いました！

\　　　**ポイント**　　　/

　影ふみは身体接触を少なくしながら，鬼ごっこの楽しさを味わうことができます。また，建物などの影がある場所で行い，そこを安全地帯とするというやり方もあります。

02

走ったり，投げたり，いろいろな動きをしよう！

ボール鬼

ねらい

　ボール鬼に取り組んで走ったり，投げたり，避けたりと様々な動きをする中で，楽しみながら体の巧みさを向上させる。

1. ルールを理解する

今から，「ボール鬼」をします。鬼はボールを持っています。タッチをするか，持っているボールをぶつけたら，鬼は交代します。ボールは少し柔らかいものを使っていますが，顔をねらったり，近くから思い切りぶつけたりするようなことはしないでください。ボールを投げられた時，落とさずにキャッチできた場合は，セーフとなり，鬼は交代しません。捕ったボールは遠くに投げてしまっていいですよ。鬼は3人でやります。何か質問はありますか？

2. ボールの硬さの確認をする

始める前にみんなでボールの硬さを確認します。痛くないボールです。順番に回していってください。

うまくいくコツ
ボールを怖がる（痛がる）子どももいるためその不安を解消する。

確かに柔らかい！　これなら痛くないし安心してできるね！

3. ボール鬼に取り組む

 では，ボール鬼に取り組みます。鬼の人はコートの中央に集まってください。鬼以外の人は逃げてください。それでは，よーい，スタート！

 〇〇さんは投げるのが上手だから，遠くでも警戒しないと。

 危なかったなあ，急に投げてきたからびっくりした！

 みんな，周りを警戒しながら，がんばってください！

＼　**ポイント**　／

　ボール鬼では，ただ走ることだけでなく，投げること，避けることなどの多様な動きをあそびの中ですることができます。校庭で取り組むとボールが遠くまで転がっていってしまう可能性があります（そこがおもしろさでもあるのですが）。体育館で取り組むことがオススメです。

おすすめ学年： (低) (中) (高)

03

増える鬼から逃げよう！

ボール増え鬼

ねらい

鬼ごっこに取り組みながら走る，投げるなどの様々な動きに取り組み，楽しみながら体の巧みさを向上させる。

1. ルールを理解する

今から，「ボール増え鬼」をします。この鬼ごっこはボール鬼に似ています。鬼はボールを持って逃げている人を追います。当てられた人は鬼になります。当てられた人はかごに入っているボールを取ってください。どんどん鬼が増えていきます。最後の方は鬼がたくさんで逃げる人は少なくなるので大変になります。
ボールを投げる時は，ぶつかった時に痛くならないくらいで投げるようにしてください。投げられたものを捕った時はセーフです。鬼は3人で始めます。何か質問はありますか？

2. ボール増え鬼に取り組む

では，実際にやってみましょう。鬼の人は真ん中に集まってください。それ以外の人は逃げてください。準備はよいですか？

うまくいくコツ
取りやすい場所にボールのカゴを置いておくとよい。

よーし，逃げるぞ！

 外さないように近づいてから投げるようにしよう。

3. ふりかえりをする

 ボール増え鬼に取り組んでどうでしたか？

 どんどん鬼が増えてくるので，逃げるのが大変でした。

 逃げるのが楽しかったです。

身体性

＼　ポイント　／

　ボール増え鬼はボール鬼のアレンジです。鬼が増えていくので，勢いがあります。ボールは当たっても痛くないように，少し柔らかいものを使うのがよいでしょう。

04

合図で瞬時に体を動かそう！

ネコとネズミ

ね ら い

　ハラハラドキドキを感じながら様々な体勢から起き上がり，相手を追いかける動きに取り組むことで，楽しく体の巧みさを向上させる。

1. ルールを理解する

　今から，「ネコとネズミ」をします。2人組になります。片方をネコチーム，もう一方をネズミチームとします。体育館の真ん中の線を間にはさむ形で並びます。ステージに向かって右側をネコ，左側をネズミにします。1回目は外向きに足を伸ばして座り，2人の背中を合わせます。その体勢で待ちます。先生が「ネ，ネ，ネ」と声を掛けます。その後に「ネコ！」か「ネズミ！」と伝えます。言われた方のチームが逃げます。壁の手前にある黄色の線まで逃げたら逃げた人の勝ちです。追う人は線に着くまでに追いついてタッチできたら勝ちです。ただし，座っている状態でのタッチはなしです。立ち上がってからタッチをするようにしてください。

2. 練習を兼ねて2, 3回行う

　実際にやってみます。真ん中の線をはさんで座ってください。

私は「ネコ」チームだから，ネコと言われたら逃げるんだ。

では始めます。ネッネッネッ…，ネズミ！

危ない！　ギリギリで逃げ切れたよ。

3. 待つ体勢を変えて取り組む

今度は待つ体勢を変えてやってみます。上を向いて寝転がります。中央で2人の足の裏を合わせた形で待ちます。頭が外側になります。

わー，この体勢から逃げるのは大変だ！　ドキドキするね。

\　　プラスα　／

　慣れてきたら「ネジ」「ネクタイ」などの引っかけを入れるとさらに盛り上がります。また，真ん中に柔らかな小さいボール（新聞紙を丸めたものでも可）を置き，相手を追いかけるのではなく，そのボールを取り，相手に当てるというやり方もあります。

おすすめ学年： 低 中 高

05

風を感じて走りながら逃げよう！

しっぽ取り鬼

ねらい

しっぽを付け，動きが多様になった鬼ごっこに取り組むことで，楽しみながら体の巧みさを向上させる。

1. ルールを理解する

今から，「しっぽ取り鬼」をします。しっぽを付けてやる鬼ごっこです。赤と青でチーム対抗でやります。自分のしっぽを取られないようにしながら，相手チームの人のしっぽを手で取ります。はじめに1人3本のしっぽを配ります。1本は付けて，2本はポケットに入れておいてください。しっぽを取られたら，持っているしっぽを付けてください。3本とも取られてしまったら，先生のところに来て追加でもらうようにしてください。

取ったしっぽは自分で持っていてください。最後に，取ったしっぽの数，残っているしっぽの数を数えます。

2. しっぽを付けて走る練習をする

しっぽが用意できたら，お尻のところに付けて，少し走る練習をしてみてください。

走るとしっぽがふわふわして気持ちがいい！

 しっぽを取られないようしっかりと走ろう。

3. しっぽ取り鬼に取り組む

 しっぽを取るのもいいですが，取られないこともいいことです。
それでは，よーい，スタート！

 後ろから取りに来る人に注意しないと！

 取られてもどんどん取っていこう。

\　　ポイント　　/

　走力によってしっぽの長さを調整する（足が速い子どもは少し長め，遅い子どもは少し短め）ことでそれぞれの子どもの楽しさが増すことにつながります。

おすすめ学年：低 中 高

06

いろんな動きで楽しもう！

カニ鬼

ねらい

仲間と鬼ごっこに取り組み，普段は使わない筋肉や関節を動かすことで，体の巧みさを向上させる。

1. ルールを理解する

今から，「カニ鬼」をします。カニのように全員，横にしか動くことができません。鬼が逃げている人をタッチしたら，鬼は交代します。鬼の人は帽子を赤にしてください。逃げる人は白です。範囲は黄色の線の内側です。

うまくいくコツ
スペースはあまり大きすぎない方が取り組みやすい。

2. 準備運動を兼ねてカニの動きをする

まず準備運動として，カニの動きをしたいと思います。広がってから，両手をチョキにしてください。腰を少し落として，その体勢で横に動いていきます。

普段使っていない筋肉や関節を使っている感じがするね。

3. カニ鬼に取り組む

ではカニ鬼を始めます。鬼は3人でやります。横にしか動けないので工夫して動いてくださいね。準備はいいですか？
それでは，よーい，スタート！

あー，焦って逃げようとすると足や手がうまく動かないなあ。

制限がかかる鬼ごっこもおもしろいね。

いつもと違って，速く逃げることはできないけれど，違った動きで楽しいね。

身体性

\　　**ポイント**　/

　動きに制限があることで遊びの楽しさが変わってきます。横にしか動けないという制限を他の鬼ごっこに加えることで違う楽しさが出てくるかもしれません。

おすすめ学年： 低 中 高

07

なり切った動きで楽しもう！

動物鬼

ね ら い

　仲間と鬼ごっこに取り組み，普段は使わない筋肉や関節を動かすことで，体の巧みさを向上させる。

1. ルールを理解する

今から，「動物鬼」をします。鬼が動物の種類を指定します。逃げる人は指示された動物の姿で移動します。追いかける鬼も指示したものの姿になります。鬼が逃げている人をタッチしたら，鬼は交代します。

うまくいくコツ
ウサギやイヌなど，イメージしやすい動物から始めるとよい。

2. 準備運動を兼ねて動物の動きをする

準備運動として，キリンの動きをしたいと思います。キリンの特徴は首が長いことです。首を伸ばした感じの体勢で少し動きましょう。

ちょっと動きにくいな…。

変な感じがするね。

3. 動物鬼に取り組む

 では動物鬼を始めます。鬼は2人でやります。何の動物になるのかを鬼が発表します。よく聞いてください。動物の種類が発表されたら鬼ごっこスタートです。

 ウサギ！

 ウサギか，ぴょんぴょん跳ねながら逃げなければいけないってことだね。結構大変だ。

 いつもと違って，速く逃げることはできないけれど，違った動きでおもしろいなあ。

身体性

\\　　**ポイント**　　/

ウサギはわかりやすいタイプの動物です。ちょっと真似しにくい動物（ナマケモノ，パンダなど）が出た時もうまく真似られないことを楽しめる雰囲気になるとよいでしょう。

08

水の中で鬼ごっこを楽しもう！

イルカ鬼

　仲間とプールの中で鬼ごっこに取り組み，普段は使わない筋肉や関節を動かすことで，体の巧みさを向上させる。

1. ルールを理解する

今から，「イルカ鬼」をします。プールの中でやる鬼ごっこです。逃げる人も，追う人もイルカのように動き回ってください。鬼は赤の特別なスイミングキャップをかぶります。鬼が逃げている人をタッチしたら，鬼は交代します。足でタッチすることはなしです。範囲はプールの全体です。

2. 準備運動を兼ねてイルカの動きをする

まず準備運動をしたいと思います。自分でイルカのようなイメージで少し動きましょう。

イルカのようにスイスイ泳ぎたいなあ。

イルカは逃げるのも速そうだなあ。

3. 1回目に取り組む

ではイルカ鬼を始めます。鬼は3人でやります。鬼の印は赤いキャップです。今回は泳ぐのではなく，走って逃げます。泳ぎはなしです。よーい，スタート！

4. 2回目に取り組む

イルカ鬼の2回目は泳ぎもありにしたいと思います。もちろん，走って逃げてもいいですよ。

うまくいくコツ
水位は低い方が苦手な子も取り組みやすい。

今度はスイスイ逃げてしまおう！

水の中での鬼ごっこはいつものとは感じが違っておもしろいね。

＼　ポイント　／

　安全への配慮が大事なのはもちろんです。水位や子どもの能力などを把握して取り組む必要があります。危険を感じるような状況では無理に実施をしない方がよいです。

おすすめ学年：低 中 高

09

不安定な場所を生かして楽しもう！

坂道鬼

ねらい

　傾斜があり不安定な場所で仲間と鬼ごっこに取り組み，普段は使わない筋肉や関節を動かすことで，体の巧みさを向上させる。

1. ルールを理解する

> 今から，「坂道鬼」をします。鬼ごっこ自体は普通の鬼ごっこです。タッチで鬼が交代になります。鬼の目印は，赤い帽子です。鬼の人は帽子を赤にかえてください。ただ鬼ごっこをやる場所がいつもとは違い，坂があります。木などの障害物も少しあります。この凸凹した地形でやります。そういったものをうまく利用して，逃げたり，追ったりしてください。

2. 準備運動を兼ねて坂道を走る練習をする

> まず準備運動として，坂道を走ってみたいと思います。平らなところを走る時とは，少し感じが違うと思います。はじめはゆっくり，慣れてきたら少し速く走ってみてください。

> さすがに坂道はちょっと動きにくいなあ。

くだる時はすごくスピードが出て，スリルがあるなあ。

3. 坂道鬼に取り組む

 それでは，坂道鬼を始めます。鬼は3人でやります。よーい，スタート！

 あー，焦って逃げようとすると転びそうになった。

 坂をのぼる時はきついなあ。

 いつもと違って，ちょっと大変なこともあるけれど，違った動きでおもしろいね！

\ **ポイント** /

　坂道や小山など少し傾斜のある場所でやる鬼ごっこは楽しさが増します。転倒などのリスクもあるので，少しずつ慣れていく（始めは鬼を少なくするなど）ようにするとよいです。

10

風を感じてどんどん走ろう！

しっぽふみ鬼

　しっぽを踏まれないように積極的に走ることを通して，風を感じて走ることを楽しみながら持久力を高める。

1. ルールを理解する

　今から，「しっぽふみ鬼」をします。長いしっぽを付けて鬼ごっこをします。鬼は，逃げている人のしっぽを足で踏んで取ります。しっぽを取られた人は交代で鬼になります。しっぽの長さはだいたい身長と同じくらいの長さにします。走るのが得意な人は少し長め，苦手な人は少し短めで構いません。

2. 長いしっぽを付けて走る練習をする

　しっぽが用意できたら，お尻のところに付けて，走る練習をしてみてください。

うまくいくコツ
しっぽはすずらんテープが最適。

走るとしっぽが浮き上がって気持ちがいい！

速く走るとしっぽが流れるような感じで格好いいね。

3. しっぽふみ鬼に取り組む

 鬼は2人です。鬼は，自分のしっぽは付けずにポケットに入れておきましょう。捕まったら鬼は交代します。走るとしっぽが上がって捕まりにくくなりますよ。速く走るほど，捕まりにくいのでがんばって逃げてください！　よーい，スタート！

 うわー，逃げろ！

 速く走れば，しっぽを踏みにくくなるからがんばって走ろう！

みんな走っているから，なかなかしっぽを踏むのが難しいな…。でも負けないぞ！

\　　　　**ポイント**　　　／

　しっぽが長いことで，走るとしっぽが浮き上がります。捕まりたくない人は速く動き回るようになります。通常のしっぽ取りのように，捕まりたくないから壁沿いに立つということがなくなります。また，走力によってしっぽの長さを調整することでそれぞれの子どもの楽しさが増すことにもつながります。

11

ボードゲーム感覚で楽しもう！
オセロ鬼

ゲーム感覚で継続的にカードをめくることを通して，楽しみながら持久力を高める。

1. ルールを理解する

今から，「オセロ鬼」をします。ボードゲームの「オセロ」のことです。☆チームと〇チームの，２チームに分かれて取り組みます。床にたくさんのカードが置いてあります。ひとつの面が☆，もうひとつの面は〇になっていて，いまはバラバラに置いています。スタートの合図で相手チームのマークになっているカードを裏返して，自分のチームのマークにします。３分間経ったら合図をします。その時に自分のチームのマークが多い方が勝ちです。

2. 練習を兼ねて30秒だけ行う

では，実際にやってみましょう。１回目は練習で30秒だけやります。準備はいいですか？　よーい，スタート！

たくさん裏返すぞ！

3. 2回目(本番)に取り組む

 では，ここからが本番です。練習に取り組んでみて，何か質問はありますか？

 時間内に全部めくってしまったらどうなりますか？

 全部めくったら，その時点で勝ちになります。がんばってください。それでは，本番いきます！　よーい，スタート！

 負けないぞ！

 何度めくっても，また戻されてしまう，悔しいな…。

 みんな，あと少しです。最後までがんばって！

＼　**プラスα**　／

専用の用具もありますが，段ボールなどを使ってつくるとさらに盛り上がります。トランプを使う方法もあります。

おすすめ学年：

12

昔からある鬼ごっこを楽しもう！

ことろことろ（列）

　江戸時代からある伝統的な鬼ごっこに取り組み，楽しみながら持久力を高める。

1. ルールを理解する

今から，「ことろことろ」をします。江戸時代あたりから遊ばれている伝統的な鬼ごっこの１つです。「ことろ」とは，鬼が「子を捕ろう」という言葉からきています。６人から８人くらいのグループをつくります。鬼が１人，親が１人，残りは子になります。親を先頭にして，子はその後ろに１列になって並び，前の人の腰や肩を持ちます。鬼は親と向き合います。親は手を広げ，鬼の攻撃を防ぎます。鬼が列の一番後ろにいる子をタッチできたら鬼の勝ちとなります。子は列をくねくねさせながら，鬼からの攻撃を避けましょう。ただし，途中で列が切れてしまった場合も鬼の勝ちです。鬼が勝ったら，役割を交代して次に取り組みます。

2. ことろことろに取り組む

準備のできたグループから取り組みます。

崩さないように，でも急いで動かなきゃ！

 くねくねした動きがムカデみたいで楽しいね！

3. ふりかえりをする

 江戸時代からずっと取り組まれている鬼ごっこでしたが，やってみてどうでしたか？

 初めてやったけれど，シンプルでおもしろかった！

 長く取り組まれてきている理由がわかった気がします。

＼ **プラスα** ／

　列になるやり方以外にも円形になるやり方（p.40）もあります。円形になる場合は，親はいません。子は手をつないで内向きの円になり，ぐるぐると回りながらタッチされてはいけない子を守ります。

13

昔からある鬼ごっこを楽しもう！
ことろことろ（円）

江戸時代から取り組まれている鬼ごっこに取り組み，楽しみながら持久力を高める。

1. ルールを理解する

今から，「ことろことろ」をします。今回は前に取り組んだことろことろとは少し違ったやり方です。6人から8人くらいのグループをつくります。鬼は1人，残りは子になります。

前回は1列になりましたが，今回は円になります。捕まってはいけない人を1人決めます。子は列をぐるぐると回転させながら，鬼からの攻撃を避けます。鬼が決められた子をタッチしたら鬼の勝ちとなります。途中で手が離れてしまった場合も鬼の勝ちです。鬼が勝ったら，役割を交代して次に取り組みます。

2. ことろことろに取り組む

準備のできたグループから取り組みます。

なかなか激しいなあ。

うまくいくコツ
鬼が疲れてしまうので一定時間で鬼を交代するとよい。

ぐるぐる回るから目が回りそうだね。

3. ふりかえりをする

 江戸時代からずっと取り組まれている鬼ごっこでしたが，やってみてどうでしたか？

 初めてやったけれど，シンプルでおもしろかったです。

 長く取り組まれてきている理由がわかった気がします！

\　　**ポイント**　　/

　ことろことろは「列」でやるものと今回の「円」になってやるものがあります。「円」の方が身体活動量が多くなることが多いです。長くなると疲れてしまうので，教師の合図で一定時間で鬼を交代させるとよいでしょう。

14

捕まった時もパワーアップしよう！

筋トレ鬼

ねらい

　仲間と鬼ごっこに取り組み，捕まった時にも動きを加えることで，楽しみながら持久力を高める。

1. ルールを理解する

> 今から，「筋トレ鬼」をします。普通の鬼ごっこと一緒のルールです。鬼に捕まったら，捕まった人は筋トレをすることになります。筋トレは何をするのかを自分で選んで構いません。３つあります。１つは「腕立て伏せ10回」，もう１つは「腹筋10回」，最後は「その場でジャンプ15回」です。筋トレが終わった人は，また逃げてください。鬼の人は赤い帽子，逃げる人は白い帽子にします。タッチで鬼を交代しません。一定の時間で合図を出します。その時に交代にします。鬼ははじめにゆっくり10を数えてから追い始めるようにしてください。

2. 1回目に取り組む

> それでは，これから筋トレ鬼を始めます。鬼は３人です。準備はいいですか？　よーい，スタート！

捕まったら筋トレをするのは大変だからしっかりと逃げよう。

3. 2回目に取り組む

 お疲れ様でした。これから2回目をやります。少しルールを変更します。タッチされた時にじゃんけんをしてもいいルールにします。じゃんけんで勝ったら，筋トレなしです。ただし，負けたら回数が倍になります。タッチされてもじゃんけんをしないということでもいいので，自分で選んでください。
それでは，2回目，よーい，スタート！

 じゃんけんは勝てばいいけど，負けたら最悪だ…。

 私はじゃんけんをしないで，そのままの回数の筋トレをしよう。

\ ポイント /

　捕まると筋トレをしなければならないので，筋トレをやりたくない子どもは必死で逃げることとなります。筋トレの内容や回数は子どもの実態に合わせるといいでしょう。

15

助けたり，助けられたりを楽しもう！

コンセント鬼

　仲間と鬼ごっこに取り組み，助けたり，助けられたりを繰り返す中で，楽しみながら持久力を高める。

1. ルールを理解する

今から，「コンセント鬼」をします。コンセント鬼は氷鬼の仲間です。鬼にタッチされた人は，動けなくなります。氷鬼のように単に氷になるのではなく，腰に手を付け，動けなくなります。鬼に捕まっていない人は動けなくなっている人を助けてあげてください。両手を伸ばし，動けない人の手でできた空間に差し込むことで復活となります。その時には効果音も一緒に言うようにしてください。コンセントを入れる時の効果音はどんな感じにしますか？

「ガチャ」がいいと思います！

2. コンセント鬼に取り組む

では，ここからコンセント鬼に取り組みます。鬼は３人です。鬼は帽子を赤にしてください。それでは，よーい，スタート！

よし，みんな捕まえてしまおう。

 しっかりと逃げよう。

 ガチャ！

 助かった，ありがとう。

> **うまくいくコツ**
> 鬼が疲れてしまうので一定時間で鬼を交代するとよい。

3. ふりかえりをする

 たくさんの人を捕まえることができたなあ。

 コンセントを入れる時の動きが楽しかったよ！

身体性

\ **ポイント** /

　氷鬼は様々なバリエーションがあります。「コンセント鬼」は，助ける時の音を工夫することで楽しさが増えます。

16

トラックを使ってみんなで楽しもう！

ぐるぐる鬼

ねらい

　トラックなどのコースを利用した鬼ごっこに取り組み，楽しみながら持久力を高める。

1. ルールを理解する

　今から，「ぐるぐる鬼」をします。今回の鬼ごっこは，コースをぐるぐる回りながら行う鬼ごっこです。体育館の中にコーンを置いて楕円のコースをつくりました。鬼も逃げる人も時計回りに走ります。逆回りには走ることができません。

　鬼に追われている時にうまく鬼をかわして鬼が先に進んでしまったら，鬼は逆走してタッチすることはできません。ちょっと走り方に制限のある鬼ごっこです。鬼が近くにいない時はゆっくりと走っていてもいいですし，止まっていてもいいです。

2. 1回目に取り組む

　それではぐるぐる鬼をします。鬼は2人にします。鬼は青いゼッケンをつけます。タッチをしたら，交代です。新たに鬼になった人はゆっくり10を数えてから追い始めてください。

なかなか激しいね。

 ぐるぐる回るから目が回りそうだな…。

3. 2回目に取り組む

 それでは2回目は，ちょっとルールを変えます。鬼の数を増やします。今回は前回の倍の4人です。逃げる方は結構忙しくなります。がんばってくださいね。

 初めてやったけれど，たくさん頭を使っておもしろかった！

 しっかりと周りを見ながらやらなくちゃいけないので，大変だったけれど楽しかったです。

\ **ポイント** /

　トラックなどのコースを一方通行で走るという条件があることでおもしろさが出てきます。追いかけてくる鬼をうまくかわすことで状況が一気に変わります。

17

駆け引きを楽しもう！
ドロケイ増え鬼

ねらい

　ドロケイに取り組み，相手を追ったり，追われたりする中で，楽しみながら持久力を高める。

1. ルールを理解する

 今から，「ドロケイ増え鬼」をします。2チームに分かれて，片方を「泥棒」，もう一方を「警察」とします。普通のドロケイでは，捕まった「泥棒」は，牢屋に入りますが，今回は違います。「泥棒」と「警察」で対決します。相手をタッチしたら，自分のチームの仲間にできます。警察は赤い帽子，泥棒は白い帽子にします。

2. 1回目に取り組む

 では，実際にやってみましょう。泥棒は体育館のステージ側，警察は入り口側に集まってください。仲間と協力しながら相手を追い詰めて捕まえてください。
準備はいいですか？　それでは，1回目，よーい，スタート！

 一気に捕まえて，仲間を増やしてしまおう！

3. 2回目に取り組む

 やり方はわかりましたか？　うまく相手の逆をつくような動きをするといいですよ。今度の警察チームもがんばってください。
始める前に少しチームで相談の時間を取ります。相手チームに聞こえないように相談をしてください。
それでは，2回目，よーい，スタート！

 気付かれないように静かに後ろから近づいていく作戦でいこう。

 それでは，2回目を始めます。よーい，スタート！

 とにかく相手に捕まらないようにしよう。

 どんどん仲間を増やしていこう。

\　　**ポイント**　/

2チームで対抗の鬼ごっこです。状況によって自分のチームの人数がどんどん変わっていくおもしろさがあります。

身体性

18

普段は使わないところを動かそう！

クモ鬼

ねらい

　様々な動きを取り入れた鬼ごっこに仲間と取り組み，楽しみながら体の巧みさを向上させる。

1. ルールを理解する

今から，「クモ鬼」をします。鬼はおなかを上向きにして，両手両足で移動します。逃げる人は逆に下向きで，両手両足で移動します。鬼が逃げている人をタッチしたら，タッチした人と交代します。足でタッチすることはなしです。範囲は黄色の線の内側です。

2. 準備運動を兼ねてクモの動きをする

まず準備運動として，クモの動きをしたいと思います。広がってから，両手両足を床についておなかを上に向けます。その体勢で少し動いてみましょう。

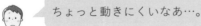

ちょっと動きにくいなあ…。

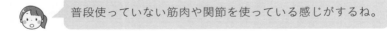

普段使っていない筋肉や関節を使っている感じがするね。

今のが，「鬼」の体勢です。次は両手両足をついて，逆に下向きになります。これは逃げる人の体勢です。やってみましょう。

 こっちの方が動きやすいね！

3. クモ鬼に取り組む

 ではクモ鬼を始めます。鬼は2人でやります。よーい，スタート！

 焦って逃げようとすると足や手がうまく動かないね！

 腕と太ももの裏の筋肉がきついなあ…。

 いつもと違って，速く逃げることはできないけれど，違った動きでおもしろい！

\\ **ポイント** /

　校庭では小石があり，手が痛くなってしまうため，実施場所は体育館がオススメです。また，鬼の数はあまり多くない方がよいでしょう。

19

体をキビキビと動かそう！
通り抜け鬼

ねらい

　普段とは違う体の使い方をする鬼ごっこに取り組み，楽しみながら体の巧みさを向上させる。

1. ルールを理解する

今から，「通り抜け鬼」をします。体育館の手前の赤い線から，向こう側の赤い線まで走ります。途中のスペースに鬼がいます。鬼にタッチされないように走って通り抜けます。帰りも同じように走って帰ってきます。赤い線から赤い線までを5本成功したら終わりです。鬼にタッチをされたら，1本追加で走ります。鬼は青い線から青い線の範囲でしか動くことができません。鬼にタッチされないようにがんばってください。

2. 通り抜け鬼に取り組む

鬼は3人にします。半分はステージに向かって右側の赤い線，残りは逆の赤い線に並びます。

鬼が見ていない隙に通り抜けようかな！

一気に5本成功させて，終わりにできるようがんばろう！

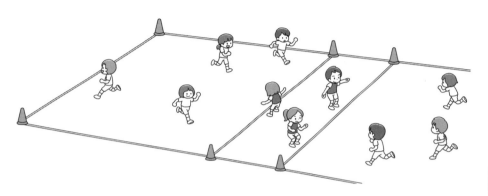

3. ふりかえりをする

 ラグビーにつながる動きが多かった鬼ごっこです。やってみてどうでしたか？

 鬼と鬼の間をすっと通り抜けていく時，とても気持ちがよかったです！

 ラグビー選手がトライをする時に相手をかわして走っていくような感じがして，嬉しかったです。

＼ ポイント ／

　宝取り鬼，宝運び鬼に似た鬼ごっこです。道具を用意することなく取り組むことができます。なお，鬼を多くしすぎるとなかなか終わりにならず意欲が下がってしまうので注意が必要です。

おすすめ学年：低 中 高

20 他の人とぶつからないように走ろう！
コーンタッチ鬼

普段とは違う体の使い方をする鬼ごっこに取り組み，楽しみながら体の巧みさを向上させる。

1. ルールを理解する

「コーンタッチ鬼」をします。４つのコーンが置いてあります。鬼じゃない人は鬼にタッチされないように気をつけながら，４つのコーンにタッチをします。タッチする順番に決まりはありません。４つのコーンにタッチできたら，外に抜けてください。鬼にタッチをされたら，その１つ前にタッチしたコーンが取り消しになります。たくさんの人がバラバラの方向で走っているので，周りをよく見ながら，上手にかわしてください。鬼は３人です。鬼は目印で赤いゼッケンを着てもらいます。何か質問はありますか？

2. コーンタッチ鬼に取り組む

では，実際にやってみましょう。鬼は真ん中に集まってください。逃げる人はその場からスタートとします。準備はいいですか？
それでは，よーい，スタート！

よし，鬼だからたくさんタッチするぞ！

 鬼にタッチされずに一気に4つのコーンを触って，1番に終わりにしてしまおう。

> **うまくいくコツ**
> コーンは違う色で4つ用意するとわかりやすくなる。

3. ふりかえりをする

 お疲れ様でした。1番に終わりになったのは○○さんでしたね。みんなで拍手でたたえましょう。

 ○○さん，すごい！

 みんなにぶつからないようにかわして走るのが気持ちよかったよ！

\ **ポイント** /

取り組む人数にもよりますが，コートの大きさは体育館の半面くらいがちょうどよいです。小さすぎると走っている時にぶつかってしまう危険性が高くなります。

身体性

おすすめ学年：

21

慣れない動きで楽しもう！

ケンケン鬼

仲間と鬼ごっこに取り組みながら，普段は使わない筋肉や関節を動かすことで体の巧みさを向上させる。

1. ルールを理解する

今から，「ケンケン鬼」をします。ケンケン鬼は片足でケンケンしながら，逃げたり，追ったりする鬼ごっこです。タッチで鬼が交代になります。鬼の目印は，この赤いゼッケンです。鬼の人はこのゼッケンを着てください。

足が疲れた時のために安全地帯があります。その中では両足で休んで構いません。そこでは捕まりません。鬼も疲れた時は安全地帯に入って，少し足を休ませたり，足を変えたりしてもいいです。安全地帯をうまく利用して，逃げたり，追ったりしてください。

2. 準備運動を兼ねてケンケンで走る練習をする

まず準備運動として，ケンケンで動いてみたいと思います。ずっと同じ足だと疲れるので途中で足を変えるといいですよ。はじめはゆっくり，慣れてきたら少し速く走ってみてください。

さすがにずっとケンケンだと疲れるなあ。

 走る時みたいに腕をしっかりと振るとケンケンがしやすくなるね。

3. ケンケン鬼に取り組む

 ケンケン鬼を始めたいと思います。鬼は4人でやります。何か質問はありますか？　なければ始めたいと思います。よーい，スタート！

 安全地帯をうまく使いたいな。

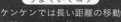

うまくいくコツ
ケンケンでは長い距離の移動は難しいので，範囲は少し狭い方がおもしろくなる。

 いつもより足が疲れるなあ。

 いつもと違って，速く逃げることはできないけれど，違った動きでおもしろいね！

\　**ポイント**　/

　ケンケンは意外と疲れます。安全地帯（休憩スペース）をつくることが大切になります。

22

障害物をうまく避けながら逃げよう！

障害物鬼ごっこ

ねらい

障害物があり，少し変化のある状況で鬼ごっこに取り組み，楽しみながら体の巧みさを向上させる。

1. ルールを理解する

今から，「障害物鬼ごっこ」をします。基本的なルールは普通の鬼ごっこと同じです。ただ，今回はいろいろな障害物があります。木や草，大型遊具などがあります。逃げる時も，追う時も，そういった障害物をうまく利用してください。

2. 練習を兼ねて障害物のあるところを走る

では，練習で障害物のあるところを走ってみます。どのように障害物を避けるのかを考えながら走ってみてください。はじめは少しゆっくりと走るといいですよ。

よし，この木は，右に避けよう！

あっ，間違えて木にぶつかりそうになっちゃった…。

3. 障害物鬼ごっこに取り組む

ではここからが本番です。しっかりと前を見ながら走ってください。よーい，スタート！

結構疲れるね！

> **うまくいくコツ**
> はじめは鬼の数を少なめにすると遊びに慣れることができる。

4. ふりかえりをする

障害物鬼ごっこをやってみてどうでしたか？

難しかったけれど，ハラハラして楽しかったです。

だんだん慣れてきて，障害物が怖くなくなりました！

身体性

＼　　プラスα　　／

　体育館でやる時は跳び箱などを障害物にします。校庭で取り組む時は大型遊具や木などを障害物にします。

身体性／体を巧みに動かす　　おすすめ学年：低　中　高

23

障害物をうまく避けながら逃げよう！

跳び箱鬼

　障害物があり，少し変化のある状況で鬼ごっこに取り組み，楽しみながら体の巧みさを向上させる。

１．ルールを理解する

今から，「跳び箱鬼」をします。基本的なルールは普通の鬼ごっこと同じです。ただ，今回は体育館の床に障害物として跳び箱がいろんな向きで置いてあります。逃げる時も，追う時も，跳び箱をうまく利用してください。

２．練習を兼ねて跳び箱のあるところを走る

では，練習で障害物の跳び箱のあるところを走ってみます。どのように跳び箱を避けるのかを考えながら走ってみてください。はじめは少しゆっくりと走るようにしてください。

跳び箱を壁みたいに使ってみよう。

あっ，ぶつかりそうになっちゃった…。

3. 跳び箱鬼に取り組む

 ここからが本番です。しっかりと周りを見ながら走ってください。よーい，スタート！

うまくいくコツ
跳び箱を散らして配置すると動きが出る。

 あー，結構大変だなあ！

4. ふりかえりをする

 跳び箱鬼をやってみてどうでしたか？

 跳び箱がうまく使えて，楽しかったです！

 跳び箱があることで動きが複雑になって，おもしろかったです。

> ＼　**プラスα**　／
>
> 　体育館でやる時に跳び箱が障害物として最適ですが，それ以外のものでも大丈夫です。安全への配慮をした上で様々なものを障害物として置くとおもしろいでしょう。

身体性

24

障害物をうまく避けながら逃げよう！

遊具鬼

ねらい

　障害物があり，少し変化のある状況で鬼ごっこに取り組み，楽しみながら体の巧みさを向上させる。

1. ルールを理解する

今から，「遊具鬼」をします。基本的なルールは普通の鬼ごっこと同じです。ただ，今回はいろいろな遊具があります。鉄棒，ブランコ，大型遊具などがあります。逃げる時も，追う時も，そういった障害物をうまく利用してください。

2. 練習を兼ねて遊具のあるところを走る

では，練習で遊具のあるところを走ってみます。どのように障害物を避けるのかを考えながら走ってみてください。はじめは少しゆっくりと走るようにしてください。何か質問はありますか？

遊具には登ってもいいですか？

逃げやすいかどうかはわかりませんが，登っても構いませんよ。

3. 遊具鬼に取り組む

 遊具鬼に取り組みます。うまく逃げたり，追ったりしてください。よーい，スタート！

 あっ，遊具に登るのも意外とありだな。

4. ふりかえりをする

 遊具鬼をやってみてどうでしたか？

 ぶつかりそうになったけれど，ハラハラして楽しかったです！

 だんだん遊具に慣れてきて，怖くなくなりました。

> \　　プラスα　　/
>
> 　それぞれの学校，園，公園などの環境に応じた遊具などを使って遊ぶことができます。

25

逃げることと落とすことを楽しもう！

たまご落とし

ねらい

　普段とは違う体の使い方をしながら鬼ごっこに取り組み，楽しみながら体の巧みさを向上させる。

1. ルールを理解する

> 今から，「たまご落とし」をします。全員が１個ずつボール（たまご）を持っています。そのボールを片方の手の上に乗せます。もう一方の手で周りの人のボールを落とすようにします。たくさんの人がバラバラの方向に走っています。範囲はドッジボールのコートの大きさです。周りをよく見ながら，上手に他の人の攻撃をかわしてください。落とされたら，ボールを拾って，手に乗せ，また参加してください。何回落とされてしまったか数えておいてください。何か質問はありますか？

2. 手の上にボールを乗せて走る練習をする

> では，少し練習をしましょう。ボールを手の上に乗せてください。乗せることができたら，落とさないように走ってみてください。あまり速く走ると落ちてしまうので注意してください。

意外と難しいなあ。

3. たまご落としに取り組む

 それでは実際にやってみます。自分のボールだけでなく，周りにいる人も見てください。よーい，スタート！

 ○○さん，すごい！

 いろいろなことを気にしなければならないからちょっと大変だけど，やってみるとおもしろいね。

 一度も落とされなかったから嬉しかったです！

\　**ポイント**　/

人数によってスペースを変えます。少し狭い方が他の人との接触が増え，ボールを落とすチャンスも出てきておもしろいです。

1000年以上脈々と子どもたちに
受け継がれてきた鬼ごっこ

　鬼ごっこ（鬼遊び）は，日本において長い間，子どもたちの中で取り組まれてきたあそびです。史料によると，平安時代から行われているようです。長い間，脈々と遊び続けられてきた鬼ごっこです。その歴史的経緯を少しだけ紹介します。

■平安時代

　宗教行事として行われていました。京都で「追儺（ついな）」という宮中の年中行事が行われていたそうです。吉田神社に残る史料によると五穀豊穣を願い，悪いものの象徴である鬼を追いかけ，矢を射るなどをしていたそうです。

■江戸時代

　平安時代以降，宗教行事としての鬼ごっこと子どものあそびとしての鬼ごっこが存在しています。追儺のように宗教行事として行われていたものと子どもがあそびとして行っていたものとがつながり，社会に浸透していきました。現在でも行われている「ことろことろ」などが行われていたという記録があります。平安時代には貴族文化の1つとされていた鬼ごっこですが，江戸時代になり，庶民文化に根差した子どものあそびの文化へと変化していきました。ただ宗教的な鬼ごっこがすべて無くなった訳ではありませんでした。現在でも一般的に行われている「節分での豆まき」は平安時代の鬼ごっこ（追儺）の要素を色濃く残しています。

■明治時代

　近代学校システムが出来上がり，鬼ごっこは学校でも取り組まれるようになりました。記録にあるものでは，大正2年に文部省から出された「學校體

操教授要目」には７つの鬼ごっこ（カラカイ鬼，子増鬼，西洋鬼，猫と鼠，場所取り鬼，帽子取り，目隠し鬼）が例示されています。

　また，学校だけでなく，市中でもたくさん取り組まれていたことが記録として残っています。明治34年に発刊された『日本児童遊戯集』という書籍にはその当時の子どものあそびが地域ごとに収録されています。全部で632個のあそびが紹介されているのですが，その中に鬼ごっこは62個あります。「ことろことろ」のように日本全国で取り組まれているものもあれば，「道具鬼（京都・伊勢）」のように，地域が限定されている鬼ごっこもあることがわかります。

■第二次世界大戦前後

　昭和17年に出された「国民學校体錬科教授要綱及細目」には「軍艦遊び」という名称の鬼ごっこが例示されています。鬼ごっこだけではないのですが，軍事色の強いあそびがいくつも例示されており，その時代を表しています。

　学校において，鬼ごっこが最も取り組まれていたと考えられるのが昭和20年代です。現在の学習指導要領にあたるものを調べた研究では，昭和24年に発行の「学習指導要領小学校体育編（試案）」には，30個の鬼ごっこが取り上げられています。

　これはその時の社会状況が大きく影響をしています。昭和10年代後半には戦争が激しくなり，学校にも様々な影響がありました。昭和18年の金属類回収令により，学校にある金属製の遊具などが回収されていったそうです。終戦後，金属製以外のものも不足するような社会状況下で，学校において鬼ごっこが注目されました。

　鬼ごっこの多くは用具を必要としません。場所などの条件も様々なものに対応しやすいということもあります。そんな鬼ごっこの特徴が戦後のもの不足の学校にぴったりだったのでしょう。

■昭和30年代〜平成

　昭和20年代にとてもたくさん取り組まれていた鬼ごっこですが，時代が進むと共に状況が変わってきます。学習指導要領における例示の数は，昭和28年は30個，昭和35年は9個，昭和44年は6個，昭和53年は3個，平成元年は3個となります。

　金属類回収令などでなくなっていた遊具が復活し，それ以外の学習用具なども少しずつ増えてくる状況になったことも関係しているでしょう。あまり学校において鬼ごっこが行われていない時代でした。

■現在

　今の小学校では日常的に鬼ごっこが行われています。平成20年の学習指導要領の改訂で低学年の「ゲーム」に「鬼遊び」という形で位置付けられました。「一人鬼」「二人鬼」「宝取り鬼」「ボール運び鬼」などが例示されています。

　現行の学習指導要領では，「一人鬼」「宝取り鬼」「ボール運び鬼」「手つなぎ鬼」「鬼遊び（水遊び）」「子増やし鬼」「陣地を取り合うゲーム」の7つが例示されています。

　2020年初頭から拡大した新型コロナウイルスによって，一時鬼ごっこなどが取り組みにくい状況になりました。身体接触が少なくなるような鬼ごっこ（影ふみ，しっぽ取り鬼など）が注目されました。コロナでは，人との関わりの少なさから，子どものコミュニケーションスキルの育ちに課題が出るのではとされています。鬼ごっこは体を動かすだけでなく，人との関わりの中からいろいろな育ちが期待できるあそびです。そういった社会面，精神面での育ちが見直されてきています。

第 2 章

精神性を高める
鬼ごっこ

26

先生から逃げよう！

先生と対決！

　教師は鬼として参加し，それぞれの子どもに合わせた負荷で鬼ごっこをすることを通して教師と子どもの距離を縮める。

1. ルールを理解する

今から，「先生と対決！」をします。先生が鬼になります。鬼である先生と逃げるみんなとの対決になります。授業が終わるチャイムが鳴るまであと３分あります。チャイムが鳴り終わるまで逃げ切れた人は勝ちです。先生にタッチされた人は終了となります。体育館の周りの部分に移動して座って，じゃまにならないように他の人の応援をしてください。先生はこの日のために体を鍛えてきたのでやる気満々です！　あっという間に全員を捕まえてしまう予定です。覚悟してくださいね。

先生，すごい気合いだ…！

確か先生は昔サッカーをしていたらしいし，結構足が速いからな…。

絶対に逃げ切って，先生との対決に勝ちたい！

2. 先生と対決！に取り組む

 それでは，始めます。よーい，スタート！

 逃げろー！

 はあ，はあ，はあ，みんな速いなあ…。

 逃げ切れた！　嬉しいなあ。思ってたより先生は足が速い！

 先生も結構がんばっていたなあ。おもしろかった！

 みんなよくがんばりました！　では，今日の体育は終わりましょう。

> ＼　**ポイント**　／
>
> 　あまり足の速くない子どもはゆっくり，速い子どもは全力で追いかけます。それぞれの子どもの走力に合わせて追いかけることで子どもの満足度が高まります。鬼ごっこに教師が参加していると子どもの満足度，身体活動量が高くなるという研究結果もあります。

おすすめ学年： 低 中 高

27

安全地帯を上手に使って楽しもう！

島鬼

ねらい

　安全地帯（島）を用意して苦手な子どもにも安心感をもたせながら鬼ごっこを行うことで，子ども同士の距離を縮める。

1. ルールを理解する

今から，「島鬼」をします。円の部分は島です。島は安全地帯です。鬼に追われていて危険な時には逃げ込むことができます。島に逃げ込んだ人を鬼は追うことはできません。他の人を追うようにしてください。島に逃げ込んだ人はゆっくりと10を数えたら，島から出るようにしてください。鬼の人は赤い帽子，逃げる人は白い帽子にします。タッチで鬼を交代します。交代の時，鬼ははじめにゆっくり10を数えてから追い始めるようにしてください。

2. 1回目に取り組む

それでは，これから島鬼を始めます。準備はいいですか？
よーい，スタート！

走るのは苦手だけど，安全地帯があるから，少し安心だ！

3. 2回目に取り組む

 お疲れ様でした。これから2回目をやります。少しルールを変更します。島の中にいてよい時間を5秒にします。さっきよりも短くなりました。逃げる人も鬼もがんばってください。それでは，2回目，よーい，スタート！

 鬼だから気合いを入れて追いかけるぞ！

不安だから島のそばにいて，鬼が来たらすぐに逃げ込もう。

 ふー，危なかった。ギリギリで島に逃げ込めた。

＼　ポイント　／

　安全地帯があることで，安心して楽しむことができる子どもが増えます。特に鬼ごっこなどに不安感を抱いている子どもには安全地帯を上手に使うように伝えるとよいです。また，苦手意識を抱いている子どもが多い場合は島を大きめに設定するとよいです。

28

仲間をたくさん助けよう！

バナナ鬼

　仲間を助けたくなるような氷鬼に取り組み，助け合うことを通して友達との距離を縮める。

1. ルールを理解する

 今から，「バナナ鬼」をします。バナナ鬼は氷鬼の仲間です。鬼にタッチされた人は，動けなくなります。氷鬼のように氷になるのではなく，バナナになって動けなくなります。鬼にタッチされたら両手をあげます。そして，バナナのように少しだけ体を曲げた状態で「助けて！」とバナナっぽい雰囲気で言ってください。鬼に捕まっていない人はバナナになっている人を助けてあげてください。その時にはバナナの皮をむくことで復活となります。上にある手を皮をむくように広げてください。その時には効果音も一緒に言うようにしてください。バナナの皮をむく時の効果音はどんな感じにしたいですか？

 「めりっ，めりっ」はどうですか？

 それでは，バナナの皮をむく時は「めりっ，めりっ」です。

2. バナナ鬼に取り組む

では，ここからバナナ鬼に取り組みます。
鬼は3人です。鬼は帽子を赤にして被って
ください。みんな，準備は大丈夫ですか？
それでは，よーい，スタート！

うまくいくコツ
鬼が疲れてしまうので一定時間で鬼を交代するとよい。

よし，みんな捕まえて，バナナ畑にしてしまおう！

3. ふりかえりをする

たくさんの人を助けることができた！

バナナの皮をむく音がおもしろかったなあ。

助けてー！

精神性

\ プラスα /

氷鬼は様々なバリエーションがあります。「レンジでチン」もおもしろいです。固まった人を助ける際には2人が両手をつなぎ，固まっている人に「チン！」と声をかけながら上から下に手を動かします。

29

力を合わせてたくさんしっぽを取ろう！

３色しっぽ取り

　苦手な子どもも友達と協力しながら鬼ごっこに取り組むことで，工夫しながらあそびを楽しもうとする気持ちを育てる。

1. ルールを理解する

今から，「３色しっぽ取り」をします。３チームに分かれて，しっぽ取りをします。チームでしっぽの色が違います。３チームでは，それぞれ取ることができるしっぽが決まっています。赤チームは青，青チームは黄，黄チームは赤のしっぽを取ることができます。しっぽは１人３本配ります。１本だけ付けて，他のチームのしっぽを取りに行きます。自分のしっぽが取られたら，持っているしっぽを付けます。取った相手のしっぽは自分で持っていてください。最後に，取ったしっぽは１本で１点，残ったしっぽも１本で１点として，合計点を数えます。何か質問はありますか？

2. ３色しっぽ取りに取り組む

では，実際にやってみましょう。まずはしっぽを配ります。１人３本です。

ワクワクするね！

 準備はいいですか？　それでは，よーい，スタート！

3. 取ったしっぽの数を確認する

 終了です！　何本取って，何本残っているか，数えてください。

 私は，2本取って，1本残っているから，3点だ。

 ぼくは，4本取ったけど，全部取られたから，4点だ。

 まとめると，勝ったチームは25点の赤チームです！　おめでとうございます。みんなで拍手しましょう！

┌─────────────────────────────────────┐

＼　ポイント　／

　しっぽ取りを3色にすることであそびが複雑になり，おもしろみが増します。ただ，特に低学年の場合は混乱してしまうこともあります。そういった時は通常の2色（2チーム）にするとよいでしょう。

└─────────────────────────────────────┘

30

捕まっても運で救われるかも？

じゃんけん鬼

最後にじゃんけんがある鬼ごっこを通して，苦手な子どもも安心感を
もちながら楽しめるようにする。

1. ルールを理解する

今から，「じゃんけん鬼」をします。鬼に捕
まったら，まずその場でじゃんけんをします。
鬼が勝ったら鬼は交代ですが，鬼が負けたら
捕まった人は逃げてしまってよいです。
鬼の人は赤い帽子，逃げる人は白い帽子にし
ます。鬼を交代する時，鬼はゆっくり10を数
えてから追い始めるようにしてください。

> **うまくいくコツ**
> じゃんけんをし
> ている時は鬼は
> 追いかけること
> ができないため，
> 鬼を多めにする
> とよい。

2. 1回目に取り組む

それでは，これからじゃんけん鬼を始めます。鬼は5人です。
準備はいいですか？　よーい，スタート！

捕まってもじゃんけんで勝てばいいから，少し安心だなあ。

3. 2回目に取り組む

これから2回目をやります。少しルールを変更します。じゃんけんのやり方を体じゃんけんにします。それ以外は今までと同じです。逃げる人も鬼もがんばってください。
それでは，2回目，よーい，スタート！

鬼だから気合いを入れて追いかけるぞ！

体じゃんけんだから結構疲れるね。

ふー，危なかった。3回も捕まったけれど，全部じゃんけんで勝ったからよかった。

\　　ポイント　　/

　捕まってもその後にじゃんけんがあることで，安心して楽しむことができる子どもが増えます。特に鬼ごっこなどに不安感を抱いている子どもには捕まっても1/2の確率で逃げられることを伝えるとよいです。

おすすめ学年：

31

隠れることを楽しもう！

かくれ鬼

あらかじめ隠れることができる鬼ごっこを通して，苦手な子どもも安心感をもちながら楽しめるようにする。

1. ルールを理解する

今から，「かくれ鬼」をします。この遊びは鬼ごっことかくれんぼを合わせたものです。鬼は目をつぶって30秒数えます。その間に逃げる人は隠れられる場所に移動してください。その時，鬼にいる場所がわからないようにするために静かに動いてください。30秒経ったら先生が合図をするので，鬼は隠れている人を探します。見つけたらタッチして鬼は交代です。

> **うまくいくコツ**
> 校庭のはじなど隠れることができる場所でやるとよい。

2. 1回目に取り組む

それでは，これからかくれ鬼を始めます。鬼は3人でやります。

鬼から遠いところに隠れた方がいいかなあ。

3. 2回目に取り組む

これから2回目をやります。少しルールを変更します。今度は，「○○さん，見っけ！」と言われたら，見つけられた人は逃げます。10秒間逃げることができたら捕まりません。もう一度，隠れるところからやり直します。逃げる人も鬼もがんばってください。
それでは，2回目を始めます。よーい，スタート！

隠れるにしても逃げやすいところに隠れなければ…。

ギリギリまで近付いてから声かけをしよう。

ふー，危なかった。ギリギリで逃げられた。

精神性

\ **ポイント** /

　逃げる側は事前に隠れることができるので，安心して楽しむことができる子どもが増えます。

32

動いたり，止まったりを楽しもう！

だるまさんが転んだ鬼

　苦手な子どもも安心感をもちながら，走ることだけでない楽しさがある鬼ごっこを楽しむ。

1. ルールを理解する

 今から，「だるまさんが転んだ鬼」をします。この遊びは鬼ごっことだるまさんが転んだを合わせたものです。前半は普通のだるまさんが転んだと同じです。誰かが鬼をタッチしたら逃げます。そこからは鬼ごっこです。「ストップ」と声をかけることはしないので，そのまま逃げ続けてください。鬼は歩数は関係なく，全力で追いかけて，誰かをタッチしてください。タッチしたら鬼は交代です。

うまくいくコツ
普通のだるまさんが転んだとの違いを説明するとよい。

2. だるまさんが転んだ鬼に取り組む

 それでは，これからだるまさんが転んだ鬼を始めます。みんなはスタートラインについてください。

だるまさんが転んだ！

 あー，危なかった。

3. ふりかえりをする

 今回は，だるまさんが転んだ鬼に取り組みました。初めての人もいたと思います。どうでしたか？

 鬼にタッチをするまでは静かなのに，タッチした瞬間に一気に激しくなるからそこがおもしろかったです。

 鬼をやっていて，みんなが迫ってくるのがすごくドキドキしました。

```
\   ポイント   /
```

　だるまさんが転んだ鬼では，すべての子どもが追われるわけではありません。走ること，逃げることに不安感を抱いている子どもにとって比較的プレッシャーが少ない状態で楽しむことができます。

33

いろんな魔法を楽しもう！

魔法鬼

ね ら い

　いろいろな魔法で様々なしぐさをする氷鬼に取り組み，体を動かすことを楽しむ。

1. ルールを理解する

今から，「魔法鬼」をします。魔法鬼は氷鬼の仲間です。鬼にタッチされた人は，動けなくなります。氷鬼のように氷になるのではなく，鬼に魔法をかけられます。

例えば，鬼に「鳥になあれ！」と言われたら，鳥の姿になってその場にいます。鬼に捕まっていない人は魔法にかかっている人を助けてあげてください。タッチをすることで復活となります。魔法はどんなものでも構いませんが，この場で実現できないようなものはなしにしてください。何か質問はありますか？

「鳥になあれ」と言われたら，手をパタパタと動かした方がいいですか？

体を動かすのはいいですね。ただし，その場所から移動はしないように気をつけてください。

2. 魔法鬼に取り組む

 では，ここから魔法鬼に取り組みます。鬼は3人です。みんな，準備は大丈夫ですか？
それでは，よーい，スタート！

 よし，みんな捕まえて，鳥になってもらおう！

 捕まったら，変なことをさせられそうだから，しっかりと逃げよう。

3. ふりかえりをする

 ゴリラにされてしまって悔しかった…。

 いろいろな姿をしている人がいておもしろかった！

鳥になあれ

```
＼  プラスα  ／
```

氷鬼は様々なバリエーションがあります。魔法鬼は，いろいろな魔法があり，楽しいものとなります。はじめの頃は，教師が魔法の見本を提示した方がスムーズに取り組むことができます。

34

一人ひとりに合わせて楽しもう！

ハンデ鬼

ねらい

　年齢などによりハンデがある鬼ごっこに取り組み，安心しながら体を動かすことを楽しむ。

1. ルールを理解する

> 今から，「ハンデ鬼」をします。ハンデ鬼は普通の鬼ごっこです。鬼にタッチされたら，鬼は交代になります。ただ学年によって交代までにタッチされる回数が違います。5年生以上は1回で交代です。4年生は2回，3年生は3回，2年生は4回，1年生は5回です。4年生以下の人はタッチされた時，「今のは〇回目です」と鬼に伝えてください。

> 上級生よりも捕まっても大丈夫な回数が多いのは安心できるね。

2. ハンデ鬼に取り組む

> では，ここからハンデ鬼に取り組みます。鬼は3人です。鬼は帽子を赤にしてください。みんな，準備は大丈夫ですか？
> それでは，よーい，スタート！

今捕まったのが2回目だから，次が最後だ。
今までよりももっとしっかりと逃げなきゃ。

うまくいくコツ
年齢の差などに
応じてハンデを
変えていく。

 高学年の人をねらおうかな！

3. ふりかえりをする

 ハンデ鬼をやってみて，どうでしたか？

 違う学年の人たちと遊ぶから不安だったけれど，ハンデがあったから楽しくすることができました！

 ちょっと工夫をするといろいろな学年の人とも遊ぶことができるということがわかりました。

```
＼   ポイント   ／

　昔から鬼ごっこは子どもに取り組まれていましたが，その際は異年齢
での取り組みが多く，今回のハンデ鬼のように小さな子どもも楽しむこ
とができるルールにして取り組んでいたそうです。
```

おすすめ学年：低中高

35 体育館を広く使って楽しもう！

東西南北鬼

ねらい

　前もってスタート地点を変えられる鬼ごっこを通して，苦手な子どもも安心感をもちながら楽しめるようにする。

1. ルールを理解する

> 今から，「東西南北鬼」をします。この鬼ごっこは体育館の壁を利用します。社会の授業でやったと思いますが，体育館の壁は入口側が「北」，校庭側が「東」，ステージ側が「南」，道路側が「西」です。鬼は3人で真ん中に集まります。逃げる人は体育館の中で散らばっています。まず，逃げる人がみんなで「東西南北，どこですか？」と鬼に尋ねます。鬼は東西南北のどれか1つを答えます。「西」と鬼が言ったら，逃げる人は西側の壁のところまで走って行き，壁をタッチします。壁にタッチする前に鬼に捕まったら交代になります。鬼の3人は東西南北のどれにするのかを待っている時に相談しておいてください。

2. 1回目に取り組む

> それでは，これから東西南北鬼を始めます。鬼は3人です。

自分がいる場所から遠いところだと大変だなあ。

3. 2回目に取り組む

 これから2回目をやります。少しルールを変更します。今度は，鬼が2つを指定します。「西・北」と言われたら，その2つの壁を触ります。順番はどちらからでも構いません。さっきよりも捕まりやすくなりました。逃げる人も鬼もがんばってください。
それでは，2回目，よーい，スタート！

 「北と南」や「東と西」の組み合わせだと真ん中に鬼がいるから走りにくいなあ。

 何となく北が来そうだから北側の壁のそばにいよう。

 ふー，危なかった。ギリギリで逃げられた！

\ **ポイント** /

　体育館の壁を利用します。学年によっては，社会の時間の「方位」の学習と関連させながら取り組みます。

おすすめ学年：低 中 高

36

条件クリアを目指そう！

条件鬼

ね ら い

　毎回変わる鬼が出す条件にワクワクしながら，仲間と鬼ごっこを楽しむ。

1. ルールを理解する

> 今から，「条件鬼」をします。この鬼ごっこは色鬼に似ています。色鬼の場合は逃げる時に触るものが「色」についてですが，今回は色以外もいろいろな条件が出てきます。鬼は3人で真ん中に集まります。逃げる人は運動場の中で散らばっています。まず，逃げる人がみんなで「鬼さん，鬼さん，何ですか？」と鬼に尋ねます。鬼のうちの1人が何かの条件を答えます。「木」と鬼が言ったら，逃げる人は木があるところまで走って行き，タッチします。条件のものにタッチする前に鬼に捕まったら交代になります。

2. 1回目に取り組む

> それでは，これから条件鬼を始めます。鬼は3人です。

> 変なものを言われたら大変だね。

3. 2回目に取り組む

うまくいくコツ
はじめは，鬼に
条件の例を伝え
ておくとよい。

2回目をやりますが，少しルールを変更します。今度は，鬼が条件を2つ指定します。「緑」「植物」と言われたら，その2つの条件を満たすものを触ります。逃げる人も鬼もがんばってください。それでは，2回目，よーい，スタート！

ちょっと難しそうだね。

待っている間に周りにあるものをいろいろと見ておこう。

鬼がどんなものを言ってくるのか楽しみだなあ。

木！

\　　**ポイント**　　/

　鬼が条件を言うことで逃げ方が決まります。そんなワクワクを感じながら取り組む鬼ごっこです。

37

助けたり，助けられたりを楽しもう！

座り鬼

仲間を助けたり，助けられたりする遊びを通して，楽しみながら社会性を向上できるようにする。

1. ルールを理解する

今から，「座り鬼」をします。やったことがない人が多いと思いますが，氷鬼の仲間です。鬼は3人にします。鬼はそれ以外の人を追いかけます。氷鬼なので，鬼にタッチされた人は氷になり動けなくなります。逃げている人は捕まりそうになったら座って逃げることができます。座ると固まって動くことができなくなります。固まると鬼はタッチをすることができなくなります。

他の逃げている人が固まっている人にタッチすると，また動き出すことができるようになります。逃げている人が全員氷になった時は鬼の勝ちで終わりになります。何か質問はありますか？

2. 座り鬼に取り組む

では，実際にやってみましょう。鬼の人は赤いゼッケンを着ます。それでは始めます。よーい，スタート！

座ることで捕まらないというのは安心だね。

 あー，あとちょっとで捕まえられたのに…。

 助かった！　ありがとう。

うまくいくコツ
走るのが苦手な子どもも座ることで安心して楽しめる。

3. ふりかえりをする

 初めて取り組んだ人も多かったと思います。どうでしたか？

 助けたり，助けられたりが楽しかったです。

 普通の氷鬼と違って，逃げている時に自分で固まることができるので何だかそこがおもしろかったです！

精神性

\　　ポイント　　/

　逃げている時に自分の判断で座ることができるという点がポイントです。助けたり，助けられたりという場面が多くできます。

38

走ったり，投げたりを楽しもう！

ドッジビー鬼

ドッジビーを投げたり，避けたり，走ったりと様々な動きをする中で鬼ごっこを楽しむ。

1. ルールを理解する

今から，「ドッジビー鬼」をします。ボール鬼と似ています。鬼はボールではなくドッジビーを持っています。タッチをするか，持っているドッジビーをぶつけたら，鬼は交代します。ドッジビーは少し柔らかいですが，顔をねらったり，近くから思い切りぶつけたりするようなことはしないでください。ドッジビーが投げられた時，落とさずにキャッチした場合は，セーフとなり，鬼は交代しません。取ったドッジビーは遠くに投げてしまって構いません。鬼は3人でやります。何か質問はありますか？

2. ドッジビーの確認をする

ドッジビー鬼に取り組む前にみんなでドッジビーの確認をしたいと思います。少し柔らかいフリスビーのようなものです。順に回していってください。

柔らかいから，全然痛くないね。

 これなら安心してできるな。

3. ドッジビー鬼に取り組む

 では，ドッジビー鬼に取り組みます。鬼の人はコートの中央に集まってください。鬼以外の人は逃げてください。
それでは，よーい，スタート！

 普通のボールと軌道が違うから警戒しないと。

 危なかったなあ，少し曲がったからびっくりした。

 みんな，周りを警戒しながら，がんばってください！

\ **ポイント** /

　ドッジビー鬼は，ボール鬼の仲間です。ドッジビーは投げた時の軌道が通常のボールと違いもあり，そういった点でのおもしろさもあります。

精神性

39

限られた条件の中で工夫しよう！

ライン鬼

　条件を制限した鬼ごっこを行うことを通して，様々な問題にも工夫しながら取り組もうとする姿勢を育てる。

1. ルールを理解する

> 今から，「ライン鬼」をします。体育館の床にあるラインの上だけを動き回って鬼ごっこをしていきます。範囲は，4つのコーンで囲まれた中です。ラインの無いところは水で，人食いワニが住んでいますよ。鬼も逃げる人もラインの上しか通れません。
> 鬼にタッチをされたら鬼を交代します。逃げている時にラインの無いところに足がついてしまっても交代です。鬼は帽子を赤に，逃げる人は白です。鬼を交代する場合は，帽子の色を赤に変えて，ゆっくり10を数えてから，追いかけ始めてください。

2. 練習を兼ねて線の上を動いてみる

> では，練習としてラインの上を移動する時間を取ります。

> ラインの上を歩くのは結構難しいな…。

3. ライン鬼に取り組む

 では，ここからが本番です。逃げる時に正面から人が来てしまうことなどもあります。そういう時は工夫をしながら，うまく鬼から逃げてください。準備はいいですか？　よーい，スタート！

 ラインの上だけか，ちょっと難しそうだね…。

 あー，正面から人が来ちゃった。どうしよう。そうだ隣にあるラインまで跳んじゃえ！

 わーっ，思っていたより難しいけど，おもしろいね！

精神性

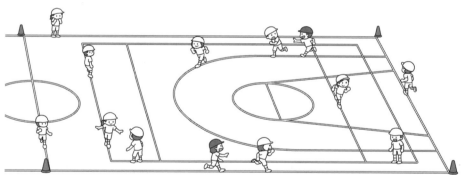

\　ポイント　/

　体育館の場合，床にあるラインを利用します。校庭の場合，ラインカーや水で様々なラインを描くことができます。床にラインのない室内の場合，養生テープやすずらんテープを用いてラインを設定することもできます。

40

鬼の数の変化に対応しよう！

増え鬼

　鬼が増え，状況が変わる中で追ったり，追われたりすることを通して，工夫しながら取り組もうとする力を育てる。

1. ルールを理解する

今から，「増え鬼」をします。はじめは鬼が１人ですが，鬼にタッチをされたらその人が鬼になり，どんどん鬼が増えていきます。鬼の人は帽子を赤にします。逃げる人は白です。鬼にタッチされたら，帽子を白から赤に変えてから追いかけるようにしてください。どんどん鬼が増えてくるので，捕まらずに残っている人は，がんばって逃げてください。最後まで残った人は，自分以外の全員が鬼で，１人で逃げるという大変な状況になります。がんばってくださいね。

2. 1回目に取り組む

では，１回目を始めます。スタートの鬼は○○さんです。みんなは広がってください。それでは，よーい，スタート！

逃げろーっ！

うわーっ，どんどん鬼が増えてきて，大変だ！

3. 2回目に取り組む

1回目で最後まで残ったのは○○さんでした。拍手！
2回目は，1回目で最後まで残った○○さんにスタートの鬼になっ
てもらいます。今度は，赤い帽子が逃げる人，白い帽子が鬼にしま
す。今，かぶっているままで始めます。○○さんは足が速いからみ
んなはしっかり逃げてくださいね。鬼になった人は，他の仲間と協
力，工夫して，逃げている人を捕まえてください。準備はいいです
か？　2回目始めます，よーい，スタート！

はじめは鬼が少ないから楽だなあ。

今回は最後の1人になるまで逃げ切るぞ！

\　　ポイント　　/

　最後まで残った子どもをたたえ，そのままその子どもを最初の鬼とし
て次を始めると帽子の色を変えたりすることなしにスムーズに始めるこ
とができます。

おすすめ学年：

41

役になり切って鬼ごっこを楽しもう！

鬼滅オニ

　友達と役になり切って行う鬼ごっこに取り組み，楽しさを工夫してつくり出そうとする力を育てる。

1. ルールを理解する

今から，「鬼滅オニ」をします。「鬼殺隊」と「鬼」に分かれます。その時によって，追う役・追われる役が変わります。1回目は「鬼殺隊」が「鬼」を追いかけます。逃げているチームには安全地帯があります。安全地帯は「鬼」にとって「やみ」です。そこに逃げ込んだら鬼殺隊は追うことができません。別の人を追うようにしてください。安全地帯は10秒間入っていることができます。タッチされた人は固まってしまいます。仲間がタッチすることで復活することができます。氷鬼と同じルールです。

2. 1回目（鬼殺隊が鬼を追う）に取り組む

では，実際にやってみましょう。1回目は，「鬼殺隊」が「鬼」を追います。「鬼殺隊」は集まってください。「鬼」は逃げてください。準備はいいですか？　それでは，よーい，スタート！

ぼくは「〇〇柱」になろう。絶対に鬼をやっつけるぞ！

 安全地帯のやみに逃げ込まれないように勝負をつけよう！

3. 2回目（鬼が鬼殺隊を追う）に取り組む

 　2回目は，1回目と逆で「鬼」が「鬼殺隊」を追います。今度も安全地帯があります。安全地帯は「日向」です。そこには鬼は追ってくることができません。あとは同じルールです。がんばってください。それでは，2回目，よーい，スタート！

 今度は立場逆転だ，負けないぞ！

ぼくは「上弦の鬼」になろう。気合が入ってきたぞ！

\　　**ポイント**　　/

　鬼の面，刀，衣装などの小道具があるとさらに子どもの気分が盛り上がります。

精神性

おすすめ学年：

42

役割を理解して鬼ごっこを楽しもう！

３色鬼滅オニ

役になり切って行う鬼ごっこに取り組み，自分の役割を理解しながら工夫して楽しもうとする力を育てる。

1. ルールを理解する

今から，「３色鬼滅オニ」をします。今回は３チームに分かれて取り組みます。「鬼殺隊」「鬼」「町の人」です。捕まった人は固まってしまいます。役割によってできることが違います。「鬼殺隊」は「鬼」をタッチして固めることができます。また，固まっている「鬼殺隊」や「町の人」をタッチして助けることができます。「鬼」は「鬼殺隊」と「町の人」をタッチし，固めることができます。固まっている「鬼」の仲間を助けることもできます。「鬼」と「鬼殺隊」は先にタッチした方が勝ちです。「町の人」は「鬼殺隊」と「町の人」を助けることができます。「町の人」は助っ人のような役割です。何回かやる中で役割は交代しながら取り組みます。

2. 1回目に取り組む

では，実際にやります。１回目の自分の役割はわかりますか？

私は「鬼殺隊」だから、「鬼」をタッチして固めるんだ。

 私は今回は「町の人」だから、たくさん助けたいなあ。

3. 2回目に取り組む

 2回目に取り組みます。1回目と役割を変えます。「鬼殺隊」だった人は「鬼」、「鬼」だった人は「町の人」、「町の人」だった人は「鬼殺隊」になります。自分の役割はわかりますか？　それでは、よーい、スタート！

 よしっ、今度は「鬼殺隊」だ。気合を入れるぞ！

 「鬼」だから、たくさんタッチして、固めてしまおう。

\　ポイント　/

　それぞれの役割で少しずつできることが違っています。役割を交代しながら何度か取り組むと公平感があります。小道具（鬼の仮面、刀など）を使ってチームがわかるようにするとさらに盛り上がります。

おすすめ学年：（低）（中）（高）

43

ボールを持って走ろう！

ラグビー鬼

ね ら い

　ラグビーボールを持って鬼の間をすり抜ける活動に取り組み，うまくすり抜けるにはどうしたらよいのかを工夫する。

1. ルールを理解する

今から，「ラグビー鬼」をします。鬼が3人います。鬼以外の人はラグビーボールを持ちます。体育館の手前の白い線から向こう側の白い線までボールを持って走ることができたらトライで1ポイントです。途中で鬼にタッチされたらスタートの白い線まで戻って，またスタートします。トライできた人も，両側を通ってスタートの線まで戻り，再度スタートします。

2. ラグビーボールを持って走る練習をする

ラグビーボールの用意ができたら，どのように持ったら走りやすいか少し走ってみてください。

両手で持つよりも片手で持って，脇に抱えるようにすると速く走れる感じがするよ。

3. ラグビー鬼に取り組む

うまくいくコツ
始めのうちは鬼の
人数が少ない方が
スムーズにいく。

 鬼は3人です。鬼もトライを目指す人も
どちらもがんばってください！
それでは，よーい，スタート！

 タックルのつもりで，みんなタッチしてしまおう。

 鬼の人が見ていない間に行ってしまおう。

 やったー，トライ！

 サッカーのフェイントのような感じでやるといいんだ。

精神性

＼ ポイント ／

ボールを抱えて走ることで，少し走る時の感覚が変わります。ボール
の持ち方をいろいろと工夫することで走りやすさも変わってきます。

44

3チームの駆け引きを楽しもう！

3色鬼

ねらい

　3チームで取り組み，相手を追ったり，追われたりする中で，様々な
駆け引きを楽しむ。

1. ルールを理解する

今から，「3色鬼」をします。3チームに分かれます。「赤帽子」
「白帽子」「帽子なし」です。「赤帽子」は「白帽子」を追いかけま
す。「白帽子」は「帽子なし」を，「帽子なし」は「赤帽子」を追い
かけます。タッチをしたら捕まえたことになります。捕まったら，
捕まえられたチームの仲間になります。

その都度，チームの人数やメンバーが変わっていくので，周りを見
て，うまく行動してください。

2. 1回目に取り組む

それでは，実際にやってみましょう。追いかける相手はそれぞれ
「赤は白」「白はなし」「なしは赤」です。間違えないようにしてく
ださいね。準備はいいですか？

それでは，1回目を始めます。よーい，スタート！

一気に捕まえてしまおう！

 あっ，仲間がたくさん捕まってる，メンバーがいなくなる…。

3. 2回目に取り組む

 今度はやり方を少し変更します。一度最初のチームに戻ります。今度は「赤帽子」は「帽子なし」を追いかけます。「帽子なし」は「白帽子」を，「白帽子」は「赤帽子」を追いかけます。さっきメンバーがいなくなってしまった赤帽子チームはがんばってくださいね。それでは，2回目，よーい，スタート！

 今度こそがんばるぞ！

 気付かれないように静かに後ろから近づいていく作戦でいこう。

精神性

\ **ポイント** /

　3色（3チーム）になることで，関わりが複雑になります。その分，楽しさが増えます。

45 水たまりを避けながら走ろう！
水たまり鬼

水たまりのある状況で鬼ごっこに取り組み，どのようにしたらうまくできるのかを工夫する。

1. ルールを理解する

今から，「水たまり鬼」をします。基本的なルールは普通の鬼ごっこと同じです。ただ，今回はいくつか水たまりがあります。水たまりの周りのところは少し滑りやすいです。逃げる時も，追う時も，水たまりをうまく利用してください。

2. 練習を兼ねて水たまりのあるところを走る

では，練習で水たまりのあるところを走ってみます。どのように水たまりを避けるのかを考えながら走ってみてください。はじめは少しゆっくりと走るようにしてください。

よし，この水たまりは，ジャンプで飛び越えてしまおう。

滑って転びそうになっちゃった…。

3. 水たまり鬼に取り組む

では，ここからが本番です。しっかりと考えながら走ってください。
それでは，よーい，スタート！

うまくいくコツ
慣れるまでは水たまりを少なめにするとよい。

結構大変だけど，楽しいね！

4. ふりかえりをする

水たまり鬼をやってみてどうでしたか？

難しかったけれど，ハラハラして楽しかったです。

段々慣れてくるので，怖くなくなりました。

精神性

\　**ポイント**　/

　水たまりを障害物として利用する鬼ごっこです。小さな水たまりは飛び越えることができ，楽しく取り組むことができます。

おすすめ学年：

46

ハラハラドキドキを楽しもう！

王様鬼ごっこ

　誰か王様なのかが鬼にわからないように工夫しながら，みんなで鬼ごっこを楽しむ。

1. ルールを理解する

> 今から，「王様鬼ごっこ」をします。この鬼ごっこは，氷鬼の仲間です。鬼にタッチされた人は，動けなくなります。鬼に捕まっていない人は氷になっている人を助けてあげてください。ただ普通の氷鬼と違うのは逃げている人の中に1人だけ「王様」を決めておくことです。王様ドッジボールのようにその人が鬼にタッチされたら，その時点で鬼の勝ちになります。

> **うまくいくコツ**
> 鬼が疲れてしまうので時間設定はあまり長くない方がよい。

> 時間は2分間でやります。2分経っても王様が捕まらなかったら勝ちとなります。逃げる人たちは鬼に聞こえないように相談して，誰が王様になるのかを決めてください。王様が決まったら，先生に報告してください。

> 王様は○○さんにしよう。

2. 王様鬼ごっこに取り組む

では，ここから王様鬼ごっこに取り組みます。鬼は3人です。鬼は帽子を赤にしてください。みんな，準備は大丈夫ですか？
それでは，よーい，スタート！

よし，きっと王様は足の速そうな○○か□□だと思うから，そこからねらっていこう。

しっかりと逃げるぞ！

3. ふりかえりをする

ハラハラする感じがあっておもしろかったね！

追いかける時，頭も使うから，いつもと違う疲れ方でした。

> \ **ポイント** /
>
> 鬼ごっこに推理の要素を加えたものです。単に体を動かすだけでなく，考えながら動くので，他にはないおもしろさがあります。

47

つながることを楽しもう！

電車鬼

仲間と一体となって追ったり，追われたりする鬼ごっこを通して，体の動かし方を工夫する。

1. ルールを理解する

今から，「電車鬼」をします。やったことがない人が多いと思います。鬼も，逃げる人もフラフープの中に入って，両手でフラフープを持ちます。鬼は3人にします。鬼はそれ以外の人を追いかけます。鬼がタッチをしたら，その人も鬼になります。フラフープをつなげて列車のようになります。相手の人のフラフープの中に入ります。その状態で他の人を追いかけるようにします。何か質問はありますか？

2. 練習を兼ねて動いてみる

動き方がいつもと違うので少し動く練習をしたいと思います。やってみましょう！

フラフープがあると動きにくそうだなあ。

> **うまくいくコツ**
> フラフープを持って走るのは少し走りにくいので練習をするとよい。

3. 電車鬼に取り組む

 では，実際にやってみましょう。鬼の人は帽子を赤くします。逃げる人は白です。鬼は捕まえる度にどんどん列が長くなります。それでは始めます。よーい，スタート！

 フラフープがあるとちょっと走りにくいなあ。

 よし捕まえた。これで6人目だから6両編成だ。

 だんだん長くなって，電車っぽくなってきて嬉しいなあ。

 捕まらないように素早く動こう。

\　ポイント　/

あまり急激に動くとフラフープがお腹に食い込んでしまう場合もあるので，注意が必要です。

48

限られた条件の中で工夫しよう！

迷路鬼

　迷路の中を動くという限られた条件の中で，工夫しながら鬼ごっこに取り組むことができるようにする。

1. ルールを理解する

今から，「迷路鬼」をします。グランドにかいてある大きな迷路の中を動き回って鬼ごっこをしていきます。普通の迷路は入口と出口があるのですが，この迷路は入口・出口はありません。迷路を利用する以外は普通の鬼ごっこを同じです。迷路なので行き止まりのところもあります。注意してください。鬼も逃げる人も迷路の中しか通れません。鬼にタッチをされたら鬼は交代します。鬼は帽子を赤で，逃げる人は白です。鬼を交代する場合は，帽子の色を赤に変えて，ゆっくり10を数えたら，追いかけ始めてください。

2. 練習を兼ねて迷路の中を動いてみる

では，練習を兼ねて迷路の中を動く時間を取ります。

行き止まりがあるから結構難しいね。

3. 迷路鬼に取り組む

 では，ここからが本番です。迷路の形を覚えながら逃げるようにしてください。いろいろと工夫をしながら，うまく鬼から逃げましょう。鬼は行き止まりのところに追い詰める作戦もあります。どちらもがんばってください。準備はいいですか？ よーい，スタート！

 迷路だから，ちょっと難しそうだな…。

 あー，行き止まりだ，どうしよう。鬼が来ないうちに急いで戻ろう。

 思っていたより難しいけど，おもしろいね！

＼ ポイント ／

　校庭に大きめの迷路を描き，そこで鬼ごっこに取り組みます。準備に少し手間が掛かるのでイベントなど，準備の際に人手がある時に取り組むとよいでしょう。

49

目隠しされた状態で工夫しよう！

目隠し鬼

視界が遮られるという限られた条件の中で，工夫しながら鬼ごっこに取り組むことができるようにする。

1. ルールを理解する

今から，「目隠し鬼」をします。この鬼ごっこは，鬼が目隠しをするということ以外は普通の鬼ごっこと同じです。ただ範囲が広すぎると鬼は捕まえることができないので，範囲はいつもよりも狭くなります。鬼も逃げる人もその範囲から出られません。範囲は４つのコーンで挟まれた範囲です。なお，走ってはいけません。鬼も逃げる人も歩いてください。鬼にタッチをされたら鬼は交代します。ゆっくり10を数えたら，追いかけ始めてください。

2. 練習を兼ねて範囲の中を動いてみる

では，練習を兼ねて目隠しで動く時間を取ります。慣れるまで２人組になり片方の人が目隠しをして動く練習に取り組んでください。

見えないのは不安だな…。

3. 目隠し鬼に取り組む

 では，ここからが本番です。鬼は周りの音などの情報を頼りに逃げている人をタッチしてください。逃げる人はうまく鬼から逃げてください。準備はいいですか？　よーい，スタート！

 目隠しをしても，意外と周りの音などが聞こえるね。これなら誰かを捕まえることができそうだ。

 鬼さん，こちら，手の鳴る方へ！

うまくいくコツ
少人数のグループで取り組む方がよい。

 どこまで鬼に近づけるかやってみよう。

 危ない！　近づき過ぎたからタッチされそうだった。

＼　ポイント　／

　「ことろことろ」と同様に昔から取り組まれている鬼ごっこです。鬼とそれ以外の子どもとの駆け引きを楽しみます。鬼は目隠しをしているので場の安全などへの配慮をしっかりとします。

精神性

おすすめ学年：

50 ひもを飛び越えながら工夫しよう！

ひも鬼

　十字のひもがあるという条件の中で，工夫しながら鬼ごっこに取り組むことができるようにする。

1. ルールを理解する

今から，「ひも鬼」をします。この鬼ごっこは，ひも（ロープ）を使う鬼ごっこです。長さが5メートルくらいのひもを十字にします。4人で持ちます。高さは10センチくらいにして動かしません。鬼も逃げる人もその十字のひもを飛び越えながら走ります。鬼にタッチをされたら鬼は交代します。ゆっくり3を数えたら，追いかけ始めてください。

2. 練習を兼ねて動いてみる

では，練習を兼ねて順番で動いてみましょう。

足が引っかかりそうでちょっと難しいなあ。

鬼ごっことハードルが一緒になったみたいだ。

> **うまくいくコツ**
> 始めのうちは高さは低い方がスムーズに取り組める。

3. ひも鬼に取り組む

では，実際にやってみましょう。まず8人組になります。その後，4人ずつに分かれます。ひもを持つ4人と鬼ごっこをする4人に分かれます。鬼ごっこをする人は鬼が1人，逃げる人が3人になります。うまく鬼から逃げてください。準備はいいですか？　よーい，スタート！

わーっ，思っていたより難しいけど，おもしろいなあ。

ひもを動かしてもおもしろいかもしれないね。

ひもを高くするのもおもしろいかも！　やってみよう！

```
＼　　ポイント　　／
```

　ひも（長なわとび）を障害物として取り組む鬼ごっこです。4人で十字になるように持ちます。年齢などに応じて，ひもの高さを高くしたり，動かしたりすると難易度が上がります。

精神性

どんな集団でも
鬼ごっこで育ちがあるのか？

　鬼ごっこは体力の向上はもちろん，社会性などを高めることにつながると本書でも書きました。これまで多くの研究者が取り組んできた先行研究でも，社会性の向上，自己肯定感の向上が期待できることなどを指摘しています。改めて，本書のタイトルにもあるように「鬼ごっこは『万能』なのか」ということを考えてみます。

■鬼ごっこは万能なのか？

　実は，ある面では「万能」ですが，ある面では「万能でない」というのが私の見解です。多くの集団（クラス）では，鬼ごっこに取り組んだことで，体力の向上，社会性の育成，自己肯定感の向上などを望むことができるでしょう。ただ，社会性を育むために鬼ごっこをやったとしても，集団の状況によっては，却って集団の質が悪化するようなこともあり得ます。鬼ごっこをやることによって，トラブルが発生し，雰囲気が悪くなったり，いじめが発生したりということです。

■どんな集団の場合，うまくいかないのか？

　基本的な社会性が育っていない集団では，鬼ごっこをすることでよい学び（育ち）につなげていくことや楽しさを体感していくことが難しい場合があります。実際に私も見たことがあるのですが，学級崩壊に近い状態のクラスで鬼ごっこをした際は大混乱に陥っていました。そのクラスの担任は少しでも社会性を育むことができればという思いから鬼ごっこに取り組んでいたのだと思います。

　ただ低学年のそのクラスは普段からルールなどを守ることができていないような集団でした。鬼ごっこをしてみると，基本的なルールが守れなかったり，タッチをする際に暴力をふるうような感じになってしまったりというこ

とが発生していました。タッチをするのですが，明らかに打つような感じでとても強い力でタッチをしていました。また，一定の人をねらわないことやねらうことなども起こっていました。鬼ごっこという遊びの中で公然といじめのようなことが行われていたのです。とても「鬼ごっこで社会性が育まれている」とは言えないような状況でした。

■落ち着きのない集団で鬼ごっこはできないか？

　落ち着きのない学級集団で鬼ごっこに取り組む場合には少しコツがあります。通常の場合よりも，少し丁寧に手順を踏んでいくことが大事になります。一口に「鬼ごっこ」と言ってもルールは様々です。とても複雑なものからシンプルなものまでたくさんあります。例えば，本書で取り上げている「ボールそろえ」や「3色鬼滅オニ」などはルールが複雑なものです。取り組んでいる中で，トラブルなども発生しやすくなります。逆に，「先生と対決！」や「ネコとネズミ」などはルールがシンプルです。ルールを間違えるなどのトラブルの可能性は低くなります。

　集団の状態や年齢などによって，どういったものに取り組むのかで，子どもが感じる楽しさが違ってきます。集団に落ち着きがあり，より複雑なルールの鬼ごっこに取り組み，そのおもしろさを皆で感じようという状況であれば，複雑なものに取り組むこともよいと思います。

　落ち着きのない集団の場合，ルールがシンプルなものに取り組むことで，鬼ごっこを楽しめる可能性が高まります。トラブルが発生しないように配慮しながら，シンプルな鬼ごっこに取り組み，そういった活動の中で，少しずつ社会性を育んでいくということがよいのではと思います。

■低年齢の集団ではできないのか？

　鬼ごっこは，先ほども書いたようにルールが複雑なものからシンプルなものまで様々です。ルールの遵守ができないような集団ではシンプルなものから取り組むことが望ましいということを書きました。これは低い年齢から鬼

ごっこに取り組む際も同様です。年齢が低い場合，例えば2歳児の場合は，指導者が鬼や動物のお面をかぶって「がおー！」と言い，子どもが歓声をあげながら逃げるようなことが鬼ごっこの基礎的なものとなります。「追う―追われる」の関係が鬼ごっこの本質となります。最もシンプルなものが上で取り上げたものです。

　そういったルールがシンプルなものから取り組み，年齢が上がるに従い，ルールが複雑になったり，身体活動量が多くなったりと変化を加えていくとよいでしょう。子どもの実態や遊ぶ場所（校庭，園庭，公園など）の環境によっても取り組むことができるものが違ってきます。

■異年齢の子どもがいる集団ではできないのか？

　鬼ごっこが昔から取り組まれていたことはコラム1で書かせてもらいました。その際は，学校で行う場合とは違い，異年齢の集団であったことが多かったです。

　そういった集団では，本書でも取り上げている「ハンデ鬼」のように弱い立場の子どもが何らかの形で守られている鬼ごっこが行われていたようです。昔から行われてきている「ことろことろ」では，年齢の差があったとしても，取り組みやすいものとなっています。そういったこともあり，長い間取り組まれ続けてきているのでしょう。

　現在の学校では，体育授業などは同じ年齢の子どもで実施することがほとんどです。時折行われる「縦割り活動」は，異年齢での子どもたちが集まって活動します。そういった際には，異年齢の子どもで取り組みやすい鬼ごっこに取り組むこともよいでしょう。

第 **3** 章

社会性を高める鬼ごっこ

51

2人で協力して鬼ごっこを楽しもう！

手つなぎ鬼

ペアで追いかけたり逃げたりすることを通して，友達と協力し合える関係性をつくる。

1. ルールを理解する

今から，「手つなぎ鬼」をします。鬼も逃げる人も2人組になります。2人の間はひもでつなぎます。タッチされたら鬼は交代します。逃げている時にひもが離れてしまった時も，逃げている組はタッチされたこととして鬼を交代します。鬼は帽子を赤にしてください。逃げる組は帽子を白にします。範囲は体育館全体です。2人で協力しながら取り組んでください。しっかりとお互いに思いを伝えていくことが大事です。何か質問はありますか？

2. ペアを決める

では，実際にやってみましょう。
まず，2人組をつくりましょう。

うまくいくコツ
1クラスでやる場合，鬼は3〜4組がちょうどよい。

○○くん，がんばろうね！

3. 手つなぎ鬼に取り組む

 では，実際に手つなぎ鬼に取り組みます。はじめに鬼をやりたい人はいますか？

 はーい！

 それでは，Ａさんたち，Ｂさんたち，Ｃさんたちにお願いします。鬼は３組です。鬼も逃げる人もがんばってください！
よーい，スタート！

 わーっ，思っていたより難しい！

あ…。 途中でひもが離れてしまった…。

＼ プラスα ／

　直接手をつなぐのではなく，紐やゼッケンなどを使い喋らずに意思疎通を図るようにすると，感染症対策にもなります。

52

仲間と協力して障害物を避けよう！

障害物手つなぎ鬼

少し難しい状況を仲間と工夫して解決することを通して，楽しみながら友達と協力し合える関係をつくる。

1. ルールを理解する

今から，「障害物手つなぎ鬼」をします。基本的なルールは「手つなぎ鬼」と同じです。鬼も逃げる人も手をつなぎます。タッチで鬼が変わります。今回はさらに障害物がいくつもあります。その時その時に，どちらに行くといいのか，お互いに気持ちを伝え合いながら決めてくださいね。

2. 練習を兼ねて障害物のあるところを走る

では，2人組で障害物のあるところを走ってみます。どのように障害物を避けるのかをお互いに伝え合いながら走ってみてください。

よし，ここは右に避けよう！

あっ，間違えて左に行きそうになっちゃった…。

3. 障害物手つなぎ鬼に取り組む

 では，本番です。しっかりと思いを伝え合いながら走ってください。それでは，よーい，スタート！

うまくいくコツ
はじめは鬼の数を少なめにするとあそびに慣れることができる。

4. ふりかえりをする

 障害物手つなぎ鬼をやってみてどうでしたか？

難しかったけれど，前よりも仲良くなれた感じがした！

ギュって握った手から考えが伝わってきた気がする！

右に行こう！

\ **プラスα** /

体育館でやる時は跳び箱などを障害物にします。校庭で取り組む時は大型遊具や木などを障害物にします。

おすすめ学年： 低 中 高

53

協力してボールをそろえよう！

ボールそろえ

状況を観察し，仲間と情報共有しながら運動あそびに取り組むことを通して，楽しく協力できる関係をつくる。

1. ルールを理解する

> 今から，「ボールそろえ」をします。4チームに分かれて取り組みます。中央に小さなボールが6個あります。四隅の各チームが並ぶ場所の先頭にボール置き場があります。1人ずつ順番に走って真ん中に行き，ボールを取ってボール置き場に持ってきます。ボールを3つ揃えられたチームの勝ちです。ボールは1人1個しか持てません。前の人が戻ってきてから，次の人が走り始めます。中央のボールだけでなく，他のチームのところに置いてあるボールをねらって取ってきてもいいですよ。

2. 走る順番や作戦を考える

> 走る順番や作戦を決める時間を2分間とります。

> ○○さんが先頭になるようにしよう！

3. ボールそろえに取り組む

 待っている人も周りをよく見て，次に走る人に状況を伝えるといい
ですよ。先頭の人，準備はいいですか？　よーい，スタート！

 まずは真ん中のボールを取るけど，次はどうすればいいかな？

 ○○チームが2個そろっているよ！　取りに行って！

 あと1個そろえば勝ちだ！　がんばろう！

 わーっ，思っていたより難しい！　でも楽しいなあ。

\　ポイント　/

中央に置くボールは多くても，少なくてもうまくいきません。5〜7
個で調整するとよいでしょう。また，チーム同士の間隔は学年によって
変えて，走る距離を調節するようにします。

54

助けたり，助けられたりを楽しもう！

ダンゴムシ鬼

ねらい

　仲間を助けたり，助けられたりするあそびを通して，チームで協力できる関係性をつくる。

1. ルールを理解する

今から，「ダンゴムシ鬼」をします。やったことがない人が多いと思いますが，氷鬼の仲間です。鬼は3人にします。鬼はそれ以外の人を追いかけます。逃げている人は捕まりそうになったら「ダンゴムシ！」と言って，固まることができます。ダンゴムシのように丸く小さくなります。固まると鬼からタッチされなくなりますが，その場から動けません。他の逃げている人が「ツンツン」とダンゴムシをつつくと，また動けるようになります。鬼はタッチできたら交代です。逃げている人が全員ダンゴムシになった時は，鬼の勝ちで終わりになります。何か質問はありますか？

2. ダンゴムシ鬼に取り組む

では，実際にやってみましょう。鬼の人は帽子を赤にします。逃げる人は白です。それでは始めます。よーい，スタート！

ダンゴムシ！

 あーっ，あとちょっとで捕まえられたのに…。

 ツンツン！

 助かった！　ありがとう！

3. ふりかえりをする

 初めて取り組んだ人も多かったと思います。やってどうでしたか？

 ツンツンと助けてもらえて嬉しかった！

 普通の氷鬼と違って，逃げている時に自分で固まることができるので，そこがおもしろかったです！

ありがとう

\　　　**ポイント**　　　/

　逃げている時に自分の判断で固まることができるという点がポイントです。助けたり，助けられたりという場面が多くなります。

おすすめ学年： 低 中 高

55

友達と意思疎通できるかな？

宝取り鬼

 ねらい

　いろいろな駆け引きのある鬼ごっこに取り組み，仲間と協力し合える関係をつくる。

1. ルールを理解する

> 今から，「宝取り鬼」をします。体育館の手前の赤い線から向こう側の赤い線まで走ります。向こう側の線の所に宝物（紅白玉など）があります。その宝物を取ってきます。途中には鬼がいます。鬼にタッチされないように通り抜けるように走ります。帰りは外側から戻ります。鬼にタッチをされたら，スタートラインに戻ります。鬼は青い線から青い線の範囲でしか動くことができません。鬼にタッチされないようにがんばってください。

2. 宝取り鬼に取り組む

> 1回目は鬼は2人にします。鬼の人も，それ以外の人も，がんばってください。

> 鬼が見ていない間に通り抜けてしまおう。

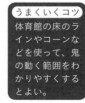

うまくいくコツ
体育館の床のラインやコーンなどを使って、鬼の動く範囲をわかりやすくするとよい。

3. ふりかえりをする

 通り抜け鬼に似た鬼ごっこでした。やってみてどうでしたか？

 鬼と鬼の間をすっと通り抜けていく時，とても気持ちよかったです。

 相手との駆け引きが楽しかったです。

 仲間と協力してやるのがよかったです。私がおとりになって鬼を引き付けている間に友達がすり抜けて行ったのは嬉しかったです！

社会性

\　ポイント　/

　丸鬼，宝運び鬼に似た鬼ごっこです。鬼の数を多くし過ぎるとなかなか成功できず，意欲が下がってしまいます。はじめのうちは少なめの人数で取り組む方がよいです。

56

戦略を立てて取り組もう！

丸鬼

ね ら い

　いろいろな駆け引きのある鬼ごっこに取り組み，仲間と協力し合える関係をつくる。

1. ルールを理解する

> 今から，「丸鬼」をします。二重の円があります。鬼は２つの円の間に入り，そのスペースで動くことができます。鬼以外の人は，円の外から中央部まで走り抜けます。中央部には宝物（紅白玉など）があります。その宝物を取ってきます。途中には鬼がいるので，鬼にタッチされないように通り抜けるように走ります。鬼にタッチをされたら，スタートラインに戻ります。ただし戻る時は鬼はタッチができません。

2. 丸鬼に取り組む

> １回目は鬼は３人にします。鬼の人も，それ以外の人も，がんばってください。

> 鬼が見ていない間に通り抜けよう！

うまくいくコツ
子どもの実態に応じて円の大きさを変えていくとよい。

3. ふりかえりをする

 宝取り鬼に似た鬼ごっこでした。やってみてどうでしたか？

 鬼と鬼の間をすっと通り抜けていく時，とても気持ちよかったです。

 ラグビー選手がトライをする時に相手をかわして走っていくような感じがして，嬉しかったです。

 円形なのがおもしろかったです！

\ **ポイント** /

　宝取り鬼，宝運び鬼に似た鬼ごっこです。体育館の床にあるラインを利用したり，校庭に新たにかいたりして取り組みます。鬼を多くし過ぎると意欲が下がってしまうので注意が必要です。

おすすめ学年：

57

助けたり，助けられたりを楽しもう！

氷鬼

仲間を助けたくなるような氷鬼に取り組み，楽しみながら社会性を向上できるようにする。

1. ルールを理解する

今から，「氷鬼」をします。氷鬼では，鬼にタッチされた人は，動けなくなります。鬼に捕まっていない人は氷になっている人を助けてあげてください。鬼は変わりません。鬼は帽子を赤にしてください。あまり長い時間やると，鬼が疲れてしまうので，2分間にします。始まりと終わりの合図は先生が出します。

2分なら一度も捕まらずに逃げられるようがんばろう！

2. 1回目に取り組む

では，ここから氷鬼に取り組みます。1回目は鬼は3人です。みんな，準備は大丈夫ですか？　それでは，よーい，スタート！

よし，みんな捕まえてしまおう！

しっかりと逃げよう。

3. 2回目に取り組む

 今度は，鬼の数を増やします。鬼は5人です。

 鬼が増えたから，ちょっと大変そうだね。

4. ふりかえりをする

 今日は氷鬼をやりました。感想はありますか？

 2分間という時間がちょうどよい長さだったと思います！

社会性

\　　ポイント　/

　氷鬼は様々なバリエーションがあります。慣れない集団の場合，基本となる「氷鬼」に丁寧に取り組むとよいです。そうすることで，他の氷鬼のアレンジに取り組みやすくなります。

58

助けたり，助けられたりを楽しもう！

レンジでチン

 ねらい

　仲間を助けたくなるような氷鬼に取り組み，楽しみながら社会性を向上できるようにする。

1. ルールを理解する

今から，「レンジでチン」をします。レンジでチンは氷鬼の仲間です。鬼にタッチされた人は，氷になってその場から動けなくなります。氷は本当は動けないのですが，小さな声で「助けて」と周りの人にアピールしてください。鬼に捕まっていない人は，氷になっている人を助けてあげてください。助ける時には，電子レンジで解凍することで復活となります。助ける人は凍っている人の横に立ち，2人で手をつなぎ，凍っている人の上から下まで手を動かします。

その時には効果音も一緒に言うようにしたいと思います。電子レンジで解凍する時の効果音はどんな感じにしますか？

「チン」がいいと思います。

それでは，助ける時は「チン」と言ってください。

2. レンジでチンに取り組む

 では，ここからレンジでチンに取り組みます。鬼は3人です。鬼は帽子を赤にしてください。みんな，準備は大丈夫ですか？　それでは，よーい，スタート！

 よし，全員捕まえて，みんなを氷人間にしてしまおう。

 しっかりと逃げよう。

3. ふりかえりをする

 たくさんの人を助けることができたよ！

 解凍する時の動きがおもしろかったなあ。

```
＼　　ポイント　　／
```
　この例では効果音を子どもたちに考えてもらっていますが，解凍する動きを考えてもらってもおもしろいです。より子どもたちが自分たちで楽しめることにつながります。

59

協力して逃げたり追ったりしよう！

二人三脚鬼

仲間と協力しながら鬼ごっこに取り組み，楽しみながら社会性を向上
できるようにする。

1. ルールを理解する

今から，「二人三脚鬼」をします。鬼も逃げる人も2人組になりま
す。2人の足をひもでつなぎます。二人三脚で逃げたり，追ったり
します。タッチすることで鬼が交代します。鬼は帽子を赤にしてく
ださい。逃げる人は帽子を白にします。範囲は体育館全体です。2
人で協力しながら取り組んでください。しっかりとお互いに思いを
伝えていくことが大事です。何か質問はありますか？

2. ペアを決め, 走る練習をする

実際にやってみましょう。まず，2人組をつ
くります。2人組ができた人はひもで足をし
ばって，2人で走る練習をしてください。

> **うまくいくコツ**
> 少し動きにくい
> ので，始めは鬼
> を少なめにする
> とよい。

がんばろうね。

3. 二人三脚鬼に取り組む

 では、実際に二人三脚鬼に取り組みます。はじめに鬼をやりたい人はいますか？

 はーい！

 それでは、Aさんたち、Bさんたち、Cさんたちにお願いします。鬼は3組です。鬼も逃げる人たちもがんばってください。よーい、スタート！

 わーっ、思っていたより難しい！

 あー、途中でひもが離れてしまった…。

\　　**プラスα**　／

　慣れてきたら三人四脚なども可能です。ただ人数が増えると動きにくくなるので注意が必要です。

60

気持ちを１つにして動こう！

自動車鬼

仲間と動きを同調させる必要のある鬼ごっこを通して，楽しみながら社会性を向上できるようにする。

1. ルールを理解する

 今から，「自動車鬼」をします。やったことがない人が多いと思います。まず４人組になります。１人１個ずつフラフープを両手で持ち，自分のフラフープの中に入ります。次に，そのまま別の人のフラフープの中に入ります。４人がフラフープでつながって，自動車のようになりましたね。鬼も逃げる人たちもその状態のまま走るようにします。

2. 自動車鬼に取り組む

 では，実際にやってみましょう。鬼の人は帽子をかぶります。逃げる人は帽子なしです。それでは始めます。よーい，スタート！

 フラフープがあるとちょっと走りにくいなあ。

あー，あとちょっとで捕まえられたのに…。

 4人で声を掛け合って協力することが大切だね！

3. ふりかえりをする

 初めて取り組んだ人も多かったと思います。どうでしたか？

 4人がそれぞれ自動車のタイヤの役割になっているのが何だかおもしろかったです。

 4人できちんと相談しながらやらないと動けないと気づきました。

 協力する大切さがちょっとわかりました！

> \ ポイント /
>
> 　フラフープで4人がつながった状態で走ります。メンバーの意思疎通が大事になります。

61

狭い場所で工夫して追ったり逃げたりしよう！

1対1

ねらい

狭い空間の中で追ったり追われたりしながら相手と対決して楽しむことを通して，心をゆるし合える関係をつくる。

1. ルールを理解する

 今から，「1対1」をします。2人組になります。2人のうちの1人が鬼になります。鬼が追いかけるのはペアの人です。それ以外の人は関係なく，障害物のようなものです。鬼は目をつぶって10秒数えます。その間に鬼でない人は逃げてください。範囲は床の白いラインの四角の中です。もう1つ大事なルールがあります。追う時も追われる時も，走らずに早歩きにします。早歩きとは「競歩」のように，どちらかの足が必ず床についた状態です。鬼が相手をタッチしたら，鬼を交代します。また目をつぶって10秒数えるところから始めます。何か質問はありますか？

2. 1対1に取り組む

 では，実際にやってみましょう。どちらがはじめに鬼になるのかを決めてください。

私が最初は逃げる役だ。捕まらないように逃げるぞ！

 すぐに捕まえるから覚悟してね！

 それではいきます！　よーい，スタート！

3. ふりかえりをする

 １対１に取り組んでどうでしたか？

 なかなか相手を探すことができなくて，大変だった…。

 他の人が障害物になっていて，ぶつかりそうで大変だった。だけど，うまく避けることができたので，とてもおもしろかった！

> ＼　**ポイント**　／
>
> 　人数によっては，狭いスペースでも取り組むことが可能です。雨の日に室内で取り組むこともできます。広すぎないスペースの方が，相手がどこにいるのかがわかりにくく，おもしろさが増します。

62

相手との駆け引きを楽しもう！

ドロケイ

　相手を追ったり，追われたりする中で，仲間を助けるなどの様々な駆け引きを楽しみ，協力し合う関係をつくる。

1. ルールを理解する

今から，「ドロケイ」をします。「ケイドロ」という呼び方をすることもあります。２チームに分け，片方を「泥棒」，もう一方を「警察」とします。「警察」は「泥棒」を追いかけます。タッチをしたら捕まえたことになります。捕まった「泥棒」は，牢屋に入ることになります。牢屋の範囲は４つのカラーコーンの内側です。牢屋に入っている人は，まだ捕まっていない泥棒にタッチをしてもらうことで，牢屋から脱出することができます。警察は赤い帽子，泥棒は白い帽子にします。

2. 1回目に取り組む

では，実際にやってみましょう。泥棒は逃げてください。警察の人は仲間と協力しながら相手を追い詰めて捕まえてください。準備はいいですか？　それでは，1回目，よーい，スタート！

一気に捕まえてしまおう！

 あっ，○○さんが捕まってる！　助けてあげなきゃ…。

3. 2回目に取り組む

 今度は役割を交代します。１回目で警察だった人は泥棒，泥棒だった人は警察になります。帽子はそのままで大丈夫です。うまく相手の逆をつくような動きをするといいですよ。今度の警察チームもがんばってください。それでは，２回目，よーい，スタート！

 よし，サッカーのフェイントみたいにかわしてしまおう！

 気づかれないように静かに後ろから近づいていく作戦でいこう。

\　ポイント　/

牢屋は既存のものを利用するやり方もあります。例えば，砂場やサッカーゴールなどです。体育館の場合，マットを使うこともできます。

63

ハラハラドキドキを楽しもう！

ガッチャン

　身体的な距離を縮める鬼ごっこに取り組むことを通して，楽しみなが
ら友達との仲を深め合えるようにする。

1. ルールを理解する

今から，「ガッチャン」をします。鬼は１人，逃げる人も１人です。
そのほかの人は２人組になり，並んで腕を組んで床に座ってくださ
い。逃げる人は鬼から逃げ切って，２人で座っている人の左右どち
らかに座り，「ガッチャン」と言います。座られた２人組のうち，
反対側にいる人（「ガッチャン」と言われなかった人）が，立ち上
がって逃げてください。逃げている人は鬼にタッチをされたら，鬼
を交代します。座る時の様子が，列車が「ガッチャン」とつながる
時と似ているから「ガッチャン」という名前になったそうです。

2. ガッチャンに取り組む

では，実際にやってみましょう。座って待っている人はいつ自分が
逃げる立場になるかわからないので，様子をよく見ているようにし
てください。それでは，よーい，スタート！

やったことがないから，何だか楽しみだね！

 いつ自分の番になるかわからないからハラハラするね…。

 並んでいる人を障害物がわりにしてフェイントで逃げよう！

3. ふりかえりをする

 座っていることが多かったけれど，見ていてもおもしろかった！

 急に自分が逃げなければならなくなったので，びっくりした…。

 他の鬼ごっこよりもハラハラして，おもしろいね！

\　　ポイント　　/

　全体としては動きの少ない鬼ごっこです。激しく動くタイプのものに取り組んだ後などに休憩を兼ねて取り組むとよいでしょう。鬼の数を2人などにすると動きが増えてきます。ただそうなると少し複雑になり，わかりにくくなることがあります。低学年や慣れるまでは鬼は1人がよいです。

64

助けたり，助けられたりを楽しもう！
コーン鬼

仲間を助けたり，助けられたりする遊びを通して，楽しみながら社会性を向上できるようにする。

1. ルールを理解する

今から，「コーン鬼」をします。やったことがない人が多いと思いますが，氷鬼の仲間です。鬼は3人にします。鬼はそれ以外の人を追いかけます。逃げている人は鬼にタッチされると氷になり動けなくなりますが，逃げている人は捕まりそうになったらいくつか置いてあるコーンに触ることで，タッチから逃れることができます。ただし，コーンのところにいることができるのは10秒間だけです。氷になっている人を逃げている人がタッチすると，また動けるようになります。逃げている人が全員氷になった時は鬼の勝ちで終わりになります。何か質問はありますか？

2. コーン鬼に取り組む

では，実際にやってみましょう。鬼の人は帽子を赤にします。逃げる人は白です。それでは始めます。よーい，スタート！

逃げられる場所があるのは安心だね。

 あー，あとちょっとで捕まえられたのに…。

 怖いからコーンの近くにいよう。

 助かった。ありがとう！

3. ふりかえりをする

 初めて取り組んだ人も多かったと思います。どうでしたか？

 安全地帯があるのは安心できました。

社会性

\　　ポイント　/

　安全地帯のある鬼ごっこです。子どもの実態に応じてコーンを置く数を変えていきます。

65

追うか逃げるか，すぐ判断しよう！
じゃんけんダッシュ

　じゃんけんの後，相手を追ったり，追われたり，相手と対決することを楽しむ。

1. ルールを理解する

今から，「じゃんけんダッシュ」をします。2人組になります。体育館の真ん中の線を間にして，2人で向き合います。2人の距離は1メートルくらいです。自分たちのタイミングでじゃんけんをします。負けた人は壁まで逃げます。勝った人は相手を追いかけます。何度か繰り返してやっていきます。何か質問はありますか？

2. じゃんけんダッシュに取り組む

では，実際にやってみましょう。他のペアとぶつからないように少し広がってください。

最初はグー，じゃんけん，ぽい！

うわ，負けた，逃げろー！

> **うまくいくコツ**
> 2人の間は1メートルくらい離れるとちょうどよい。

あっ，待てー！

3. ふりかえりをする

 じゃんけんダッシュに取り組んでどうでしたか？

 じゃんけんの結果を見てから追うか，逃げるのかが決まるので，大変だったけど，ハラハラしました。

 ぼくが間違えて，2人で逃げてしまったから何だか変な感じで笑ってしまいました。でも，とてもおもしろかったです！

\　　　　　ポイント　　　　／

　逃げるのか，追うのかがじゃんけんをしてから決まります。状況判断を素早くする必要があります。単に体を動かすだけでなく，この鬼ごっこのように状況判断が必要なものは，違ったおもしろさがあります。

66

捕まった後に対決しよう！

なぞなぞ鬼

ね ら い

　捕まった後にさらになぞなぞで対決することを通して，仲間と鬼ごっこを楽しむ。

1. ルールを理解する

> 今から，「なぞなぞ鬼」をします。逃げる人は，事前になぞなぞとその答えが書かれたくじを引いてもらいます。引いたくじは他の人には見せないようにしてください。普通に鬼ごっこをして，捕まったらその場でくじに書かれたなぞなぞをします。捕まった人はなぞなぞの問題を読み上げてください。鬼が答えることができれば鬼は交代ですが，鬼が不正解だったら捕まった人は逃げてよいです。鬼の人は赤い帽子，逃げる人は白い帽子にします。それでは，逃げる人にくじを配ります。取りにきてください。

2. 1回目に取り組む

> それでは，これからなぞなぞ鬼を始めます。鬼は3人です。

> 捕まっても逃げられるかもしれないから，少し安心だね。

3. 2回目に取り組む

 これから2回目をやります。少しルールを変更します。さっきは先生が考えたなぞなぞを使いましたが，次はみんなのオリジナルでもよいですよ。ただし鬼の人数はさっきよりも少し増やします。なぞなぞを考えられたら始めましょう。

 鬼だから気合いを入れて追いかけるぞ！

 捕まった時になぞなぞがあるのは助かるなあ。

```
\     ポイント     /
```

　捕まった後になぞなぞがあることで，安心して楽しむことができる子どもが増えます。ただ捕まった後になぞなぞを出している時間は鬼が動いていない時間となります。動いている鬼が少なくならないように通常の鬼ごっこの時よりも鬼の数を多めにするとよいです。

67

友達に助けてもらおう！
空気いす鬼

　動作にユーモアのある氷鬼に取り組み，仲間と協力して鬼との対決を楽しむ。

1. ルールを理解する

> 今から，「空気いす鬼」をします。空気いす鬼は氷鬼の仲間です。鬼にタッチされた人は，動けなくなります。氷鬼のように氷になるのではなく，空気いすの姿勢で動けなくなります。鬼にタッチされたら真っ直ぐに立ち，その後，腰を落とします。膝と腰がそれぞれ直角になる形で固まります。そして片手を上に挙げて「助けて」と周りの人に言ってください。鬼に捕まっていない人は空気いすをしている人を助けてあげてください。その時には挙げている手を下に動かすことで復活となります。その時には効果音も一緒に言うようにしてください。効果音はどんな感じにしたいですか？

> 機械のレバーみたいだから，「がしゃん」がいいな。

> それでは，助ける時の効果音は「がしゃん」にしましょう。

2. 空気いす鬼に取り組む

 では，ここから空気いす鬼に取り組みます。鬼は３人です。鬼は帽子を赤にしてください。みんな，準備は大丈夫ですか？　それでは，よーい，スタート！

 絶対，空気いすなんかしたくないなあ。

 しっかりと逃げよう。

うまくいくコツ
鬼が疲れてしまうので一定時間で鬼を交代するとよい。

3. ふりかえりをする

 たくさんの人を助けることができたなあ。

 固まっている時は疲れるけど，みんなに助けてもらえてよかった！

社会性

\　　ポイント　　/

　氷鬼は様々なバリエーションがあります。「空気いす鬼」は待っている間の姿勢が大変なので，捕まった人が積極的に助けを求め，仲間に声をかけるようになります。

おすすめ学年： 低 中 高

68

状況が変わる鬼ごっこを楽しもう！

分裂増え鬼

鬼が増え，状況がいろいろと変わる中で，追ったり，追われたりすることを楽しむ。

1. ルールを理解する

今から，「分裂増え鬼」をします。はじめは鬼が1人ですが，鬼にタッチをされたら，どんどん鬼が増えていきます。鬼の人は帽子を赤にします。逃げる人は白です。鬼にタッチされたら，帽子を白から赤に変えてから一緒に追いかけるようにしてください。どんどん鬼が増えてくるので，鬼が4人になったら，2人ずつの2つに分かれます。捕まらずに残っている人は，がんばって逃げてください。みんなが逃げないと，どんどん鬼が増えていきますよ。

2. 1回目に取り組む

では，1回目を始めます。スタートの鬼は○○さんです。みんなは広がってください。それでは，よーい，スタート！

逃げろー！

うわー，どんどん鬼が増えてきて，大変だ。

3. 2回目に取り組む

 １回目で最後まで残ったのは○○さんでした。拍手！　２回目は，１回目で最後まで残った○○さんにスタートの鬼になってもらいます。今度は，赤い帽子が逃げる人，白い帽子が鬼とします。今，かぶっているままで始めます。○○さんは足が速いからみんなはしっかり逃げてくださいね。鬼になった人は，他の仲間と協力，工夫して逃げている人を捕まえてください。準備はいいですか？　２回目始めます。よーい，スタート！

 はじめは鬼が少ないから楽だなあ。

 今回は最後の１人になるまで逃げ切るぞ！

\　ポイント　/

　増え鬼系はいくつかのやり方があります。今回の「分裂増え鬼」は，鬼が４人になると２つに分裂するというものです。分裂せずに鬼の数がどんどん増えていく（列が長くなる）やり方もあります。

69

仲間と一緒に楽しもう！
手つなぎしっぽ取り

ねらい

しっぽを付けて手つなぎ鬼に取り組み，仲間と一緒に逃げたり，追ったりを楽しむ。

1. ルールを理解する

今から，「手つなぎしっぽ取り」をします。今回の鬼ごっこは「しっぽ取り鬼」と「手つなぎ鬼」を組み合わせたものです。鬼も逃げる人も２人組になり，手をつなぎます。鬼は，逃げている人のしっぽを取ります。しっぽが取られた人は交代で鬼になります。逃げている途中で２人の手が離れてしまった時も鬼は交代です。

2. しっぽを付けて走る練習をする

しっぽが準備できたら，お尻のところに付けて，少し走る練習をしてみてください。

走るとしっぽが上がって気持ちがいい！

速く走るとしっぽが流れるような感じで格好いいなあ。

3. 手つなぎしっぽ取りに取り組む

 鬼は2組です。鬼は目印で帽子を赤にしてください。捕まったら鬼は交代します。逃げる人も追いかける人も協力してがんばってください！　よーい、スタート！

 うわー、逃げろ！

 逃げる方向は事前に声で教えてね。時間がない時は手を引っ張るとかの合図でもいいからね。

 2人組だと少し難しいなあ。でも負けないぞ！

\　　ポイント　　/

　手つなぎ鬼でもしっぽがあるやり方だと少しおもしろさが違ってきます。しっぽがあることで、逃げようとする動き方が少し変わります。さらに手をつないでいることで、自分ひとりで動くのではないため、コミュニケーションを取る必要が出てきます。

70

逃げるカゴを協力して追いかけよう！

追いかけ玉入れ

どうすればうまく玉を入れることができるかを友達と考えながら取り組み，チームで協力し合う関係をつくる。

1. ルールを理解する

今から，「追いかけ玉入れ」をします。チーム対抗で行います。各チームから1人，玉入れのカゴを背負って走る役割の人を決めてください。スタートの合図でカゴの担当の人は走って逃げます。その他の人は，自分のチーム以外のカゴに，床に散らばっている紅白玉を投げ入れます。終わりの合図の時に，カゴの中に入っている玉が少ないチームが勝ちになります。

2. 役割決めをして作戦を立てる

では，だれがカゴを担当するのかの役割決めや作戦を立てる時間を2分間とります。

ぼくは持久走が得意だからカゴを担当するよ。必死で逃げるから，みんなは他のチームの人のカゴにたくさん入れてね。

3. 追いかけ玉入れに取り組む

では，本番に取り組みます。制限時間は2分です。がんばってください。よーい，スタート！

カゴの人，すごい速さで逃げていくなあ。待てーっ！

4. 結果発表を聞く

みんなお疲れ様でした。結果発表です。青組20点，赤組18点，黄組22点。勝ったのは…　玉が少なかった赤組です！

やったー！　○○さんがよくがんばっていたからだね。

なかなか入らなかったけれど，おもしろかった！

\　　**ポイント**　　/

　カゴを背負って逃げる人はとても疲れます。あまり長い時間取り組むのではなく，1分30秒から2分くらいが適当です。

おわりに

　今回，この本を執筆する中で，改めて鬼ごっこの多様さ・奥深さを実感しています。鬼ごっこに関する書籍で最も詳しいものとされているものに，加古里子著『伝承遊び考　3　鬼遊び考』があります。その書籍は，合計で635ページもあります。まるで辞書のようなつくりで，5万9000点の収集資料をもとに約2000個の鬼ごっこが紹介されています。加古の書籍では鬼ごっこを「『追う―追われる』の供応的な遊び」と定義しています。

　鬼ごっこは，本質的には単純でありながら，それが状況によって様々に変化をしながら多種多様な遊びが存在しています。今回，そういった多種多様な鬼ごっこがある中，現代の学校や社会の状況を踏まえ，どういった鬼ごっこが必要とされているのかということを考えました。鬼ごっこの特徴の1つである「体力向上」は大切ですが，それ以上に「社会性」や「自己肯定感」が高まっていくことが必要な時代なのではと感じています。そういった中で選び抜いたものが今回の70個の鬼ごっことなります。今回のために考え出したオリジナルのものもいくつか含まれています。オリジナルの鬼ごっこを考える時間は，とても楽しい時間でした。読者の皆さんもご自分の置かれた状況，学校やクラスの状況を考えながら，オリジナルの鬼ごっこを考えていくというのもとてもオススメです。

　ところで，私が鬼ごっこに興味をもったのは小学校の教員をしていた約20年くらい前です。クラスの中に運動嫌いな子どもがおり，そういった子どもも楽しめるような体育の授業はつくれないだろうかと悩んでいる中でヒントとしていたものです。

　その後，小学校の教員を続けながら，放送大学大学院修士課程で学びました。その時の研究テーマが「鬼ごっこ」でした。体育授業内でのドッジボー

ルと鬼ごっこの身体活動量を比較し，鬼ごっこの有用性を示した研究です。修士論文のタイトルは「小学校の体育授業における鬼ごっこの身体活動量」というものでした。学級担任の立場で，クラスの子どもが研究対象だったので，研究と実践を同時に行うことができた非常に有意義な時間だったのを覚えています。

2017年に小学校から大学へと教える場を移してからも鬼ごっこは私の主要な研究テーマの1つでした。これまで執筆した論文のテーマは次のようなものです。「幼保小と鬼ごっこ」「鬼ごっこの学習指導要領での扱い」「コロナと鬼ごっこ」「鬼ごっこにおける教師の関わり」「第二次世界大戦と鬼ごっこ」など，少しずつ範囲を広げながら研究を進めてきました。

執筆にご協力いただいた方々には心から感謝申し上げます。また，本書の企画から執筆に至るまでたくさんの助言などをいただいた明治図書出版株式会社の矢口郁雄さん，新井皓士さんに深く感謝いたします。

今回の書籍は，私のこれまでの研究や実践をまとめたものとなりました。執筆の時間は自分のこれまでの研究や実践を振り返る時間でもあり，とても意義深い時間となりました。こういった機会ができたことを心から感謝いたします。本書が学校現場の先生方，子どもたちの役に立つことができれば，さらに嬉しく思います。

2024年3月

鈴木　邦明

■参考文献一覧

鈴木邦明・赤堀達也『オンライン，ソーシャルディスタンスでできる　学級あそび＆授業アイスブレイク』明治図書，2020年

鈴木邦明「鬼ごっこの方法の違いによる子どもの身体活動量の変化」，『幼児体育学研究　第4巻　第1号』pp.13-20，日本幼児体育学会，2012年7月

鈴木邦明「小学校の鬼ごっこにおける教師の関わりの影響」，『幼児体育学研究　第10巻　第1号』pp.59-65，日本幼児体育学会，2018年3月

鈴木邦明「幼保小連携における『鬼遊び』活用の可能性〜幼保と小の制度の違いに着目して〜」，『帝京平成大学児童学科論集　第10号』pp.59-67，帝京平成大学，2020年2月

鈴木邦明「幼稚園・保育園から小学校へ入学する際に子どもが感じる不安について」，『国立オリンピック記念青少年総合センター研究紀要　青少年フォーラム第7号』pp.193-199，独立行政法人国立オリンピック記念青少年総合センター，2007年3月

鈴木邦明「昭和20年代の小学校の授業における鬼遊びの扱われ方」，『帝京平成大学紀要　第32巻』pp.183-188，帝京平成大学，2021年3月

日本サッカー協会『小学校体育　全学年対応　サッカー指導の教科書』東洋館出版社，2014年6月

加古里子『伝承遊び考　3　鬼遊び考』小峰書店，2008年1月

大田才次郎『日本児童遊戯集』平凡社，1968年9月

【著者紹介】

鈴木　邦明（すずき　くにあき）

帝京平成大学　人文社会学部　児童学科　准教授

1971年，神奈川県平塚市生まれ。

1995年，東京学芸大学教育学部卒業。2017年，放送大学大学院文化科学研究科修士課程修了。神奈川県横浜市と埼玉県深谷市の公立小学校に22年間勤務。2017年，小田原短期大学保育学科特任講師。2018年から帝京平成大学で教員養成・保育者養成に携わっている。2019年からは All About 子育て・教育ガイドとして，保護者向けにも積極的に情報を発信している。

編著書に『オンライン，ソーシャルディスタンスでできる　学級あそび＆授業アイスブレイク』『子どもの心と体のストレスを緩和する　リラックス学級レク75』（ともに明治図書）がある。

▼ HP

https://kuniakisuzuki.jimdofree.com

万能の学級あそび　鬼ごっこ大全

2024年4月初版第1刷刊　Ⓒ著　者　鈴　木　邦　明

　　　　　　　発行者　藤　原　光　政

　　　　　　　発行所　明治図書出版株式会社

　　　　　　　　　　　http://www.meijitosho.co.jp

　　　　　　　（企画）新井皓士（校正）中野真実

　　　　　　　〒114-0023　東京都北区滝野川7-46-1

　　　　　　　振替00160-5-151318　電話03(5907)6701

　　　　　　　ご注文窓口　電話03(5907)6668

＊検印省略　　　組版所　長野印刷商工株式会社

Printed in Japan　　　　　ISBN978-4-18-249027-9

もれなくクーポンがもらえる！読者アンケートはこちらから
→